AF466245

NOTIONS

INDUSTRIELLES

32772

AVIS.

Tout exemplaire de cet ouvrage non revêtu de notre griffe, sera réputé contrefait.

L. Hachette et Cie

Paris. — Imprimerie Panckoucke, rue des Poitevins, 14.

NOTIONS
INDUSTRIELLES

CONTENANT

L'EXPLICATION DES IMAGES

représentant les sujets suivants

FORGES — VERRERIE — MINES — MACHINE A VAPEUR
CHEMINS DE FER — FABRIQUE DE PAPIER — FABRIQUE D'ÉPINGLES
FILATURE MÉCANIQUE — ATELIER DE MONNAYAGE
FABRIQUE DE SAVON

A L'USAGE DES SALLES D'ASILE

BIBLIOTHÈQUE NATIONALE
R.F.
IMPRIMÉS

PAR M. BOUCARD

L. HACHETTE ET Cie

LIBRAIRES DE L'UNIVERSITÉ ROYALE DE FRANCE

A PARIS
Rue Pierre-Sarrazin, n° 12
(Quartier de l'École de médecine)

A ALGER
Rue de la Marine, n° 117
(Librairie centrale de la Méditerranée)

1848

NOTIONS INDUSTRIELLES.

FORGES.

[Planche 1]

—

Vous avez déjà vu des forges, mes enfants, car il n'y a pas de ville ou de village où il n'y en ait plusieurs. L'atelier du forgeron est bien facile à reconnaître ; il s'annonce de loin par le bruit répété des marteaux frappant le fer ; en approchant, on voit de temps en temps une fumée noire et épaisse sortir de tous côtés ; enfin, si vous voulez vous arrêter et regarder ce que l'on fait dans une forge, vous verrez des hommes qui chauffent le fer dans un grand foyer, en avivant le feu par de gros soufflets mis en mouvement au moyen d'une corde ou d'une petite chaîne; vous les verrez retirer le fer du foyer, rouge comme un charbon ardent et répandant une vive lumière dans l'atelier; puis d'autres hommes frappent avec de lourds marteaux sur le fer, que le feu a amolli, et lui donnent une forme déterminée.

Dans ces forges-là, on façonne le fer, on en fait une foule d'objets, des outils, des charrues pour labourer la terre, des armes pour se défendre contre les animaux féroces, des faux, des faucilles pour les moissonneurs, des pelles et des pincettes, etc. Je vois dans vos yeux que vous voudriez bien savoir comment on fabrique tous ces objets si utiles, si indispensables à l'homme; vous voudriez bien savoir comment de deux barres de fer on n'en fait plus qu'une seule en les soudant l'une à l'autre; mais tout viendra dans son temps, et je vous dirai tout cela en vous parlant du serrurier et du forgeron.

Avant de façonner le fer, il faut le fabriquer, le produire : on appelle aussi forges les établissements dans lesquels on fait du fer.

Pourquoi fabrique-t-on le fer? On ne le trouve donc pas tout fait dans la nature? Non, mes enfants; mais on trouve en abondance des matières qui le contiennent, et dont on le retire en les fondant dans des fourneaux particuliers. Ces matières si précieuses s'appellent minerais de fer; et, en général, on appelle minerais, les pierres qui contiennent des métaux, tels que l'or, l'argent, le cuivre, le zinc, le plomb, l'étain, etc., et d'où l'on extrait ces métaux.

On trouve les minerais de fer quelquefois à la surface même du sol, ou à quelques centimètres au-dessous; d'autres fois, il faut les aller chercher à de grandes profondeurs dans le sein de la terre, en creusant des puits et des galeries souterraines que l'on appelle mines.

Les minerais de fer sont très-variés. Tantôt ce sont de petits grains jaunes ou bruns, de la grosseur des petits pois; on pourrait les confondre avec des cailloux roulés ou du gros sable; mais, en les ramassant dans la main, on sent bien qu'ils sont beaucoup plus pesants. Tantôt ce sont des pierres jaunes ou rouges comme de la rouille de fer; d'autres fois, ce sont des masses brillantes et bleuâtres, hérissées de petites aspérités toutes régulières, ayant toutes la même forme, et que l'on nomme cristaux. Il y a encore bien d'autres espèces de minerais de fer; mais il serait trop long de vous les faire toutes connaître.

Puisque les minerais se trouvent dans la terre, ils doivent en être mélangés, et, avant de les envoyer aux forges, il faut bien les nettoyer. On se sert pour cela d'une machine appelée *patouillet;* c'est une grande auge en pierre ou en métal, dans laquelle on jette à la pelle le minerai qu'il s'agit de débourber; un filet d'eau arrive par un bout de l'auge, et sort par l'autre en entraînant toute la terre; pendant que l'eau coule, une grande roue à ailettes tourne dans le fond pour remuer la masse du minerai, et en accélérer le lavage.

Lorsque les minerais sont en pierre, il est nécessaire, pour les fondre plus facilement et les débarrasser de la terre qu'ils contiennent dans leur intérieur, de les casser en plus petits morceaux. On pourrait bien les casser morceau par morceau avec un marteau, mais cela serait trop long; aussi l'on a construit une machine, appelée *bocard,* qui travaille beaucoup plus vite. Cette machine se compose d'un bâtis en charpente dans lequel peuvent glisser, de haut en bas et de bas en haut, de petites poutrelles de bois, armées d'un sabot en fer à leur extrémité inférieure; un arbre, portant des saillies correspondantes à celles des pilons, les soulève tour à tour à une certaine hauteur, et les laisse retomber sur le minerai, que l'on range dessous.

Une fois les minerais cassés en petits morceaux et lavés, on les transporte à la forge pour les fondre.

Les fourneaux dans lesquels s'opère la fusion des minerais de fer sont d'immenses massifs de maçonnerie, au milieu desquels on a ménagé une capacité vide, circulaire et allongée, de la forme d'un œuf. Ces fourneaux sont aussi élevés que des maisons ordinaires; ils ont de 9 à 15 mètres de haut; aussi les appelle-t-on hauts fourneaux. Il y a une cheminée en haut du fourneau pour laisser échapper toutes les fumées, et sous cette cheminée plusieurs portes pour permettre l'introduction dans le fourneau du charbon et des matières à fondre. Tout au bas, à une certaine hauteur au-dessus du sol de la forge, existe une ouverture qui traverse une des faces du massif, et pénètre dans l'intérieur du fourneau. Un peu au-dessus de cette ouverture, et sur les trois autres faces, existent aussi trois petits trous carrés; c'est par là qu'on lance de l'air pour aviver le feu, et pour cela il y a des machines qui mettent en mouvement d'immenses soufflets qui servent à cet usage. C'est pour cela qu'on les a appelées machines soufflantes.

Vous vous amusez quelquefois, mes petits amis, à souffler sur le feu avec de petits soufflets; il ne faut pas beaucoup de force pour les faire marcher; mais, pour mettre en mouvement les machines soufflantes dont je viens de vous parler, il faut souvent la force de cinquante chevaux travaillant continuellement.

Maintenant, nous savons comment est fait un haut fourneau; voyons comment on s'en sert pour fondre les minerais de fer.

Lorsque le fourneau est fraîchement construit, on commence par faire un petit feu pour le sécher; puis, pendant quelques jours, on modère le feu, de manière à ne pas faire fendre la maçonnerie; enfin, peu à peu on augmente la chaleur, en jetant plus de charbon dans le fourneau par l'ouverture du haut, qu'on appelle *gueulard*, et, lorsque la température est très-élevée, on commence à ajouter du minerai, ainsi que d'autres matières étrangères pour aider à la fusion. Ces matières fondantes sont variées suivant la nature du minerai. C'est tantôt de l'argile, tantôt de la pierre à chaux ou du sable. A mesure que les charges descendent dans le fourneau, on ajoute du charbon, du minerai, et des matières fondantes toujours dans le même ordre et de manière à ce que le fourneau soit toujours plein.

Les charges, à mesure qu'elles descendent dans le fourneau, rencontrent une chaleur de plus en plus forte, et finissent par se fondre. Le fer fondu, à cause de sa pesanteur, se rend au fond du fourneau, tandis que les matières étrangères que contenait le minerai et les matières que l'on a ajoutées pour les fondre, forment ainsi un bain liquide de *laitiers* qui surnage sur le premier. La partie basse du haut fourneau, dans laquelle viennent se rendre toutes les matières fondues, s'appelle *creuset*.

Au bout d'un certain temps, le creuset se remplit, et le niveau du bain monte toujours, jusqu'à ce que les laitiers atteignent l'ouverture dont je vous ai parlé, et qui est pratiquée dans la face de devant du fourneau ; les laitiers alors s'écoulent par cette ouverture, et viennent descendre le long d'une petite rigole au niveau de l'atelier ; des hommes viennent alors les enlever au moyen de grands crochets en fer. Ces laitiers ou crasses de fourneaux sont rejetés, et mis en tas au bord des chemins pour les réparer ; mais on n'attend pas que la fonte de fer, c'est ainsi qu'on appelle le fer fondu, vienne aussi sortir par la même ouverture que les laitiers ; on débouche un petit trou, pratiqué tout au bas du creuset, et la fonte, comme un ruisseau de feu, vient se rendre dans des sillons que l'on a tracés dans le sable de l'atelier ; on la laisse refroidir, et l'on casse en morceaux plus petits la longue barre de métal ou gueuse que la fonte a produit. Ces petits morceaux de fonte se nomment des *saumons*, et vont servir à fabriquer le fer, comme je vous l'expliquerai tout à l'heure.

Lorsque la coulée a eu lieu, on nettoie bien le creuset, et l'on rebouche le trou de coulée avec un tampon d'argile ; pendant ce temps-là, on introduit toujours dans le fourneau du charbon, du minerai et de la matière fondante; les machines soufflent toujours, et, à mesure que le creuset s'emplit, on le vide, et ainsi de suite, sans jamais arrêter le travail ni éteindre le feu, que l'on entretient ainsi nuit et jour, pendant des années entières, jusqu'à ce que le fourneau, trop usé, exige des réparations.

La fonte ou fer fondu peut prendre toutes les formes que l'on désire en la coulant dans des moules, où on la laisse se refroidir. Ainsi, voulez-vous faire des boulets, vous coulez la fonte dans des moules en sable, où un creux, rond dans tous les sens ou sphérique, est ménagé. Si c'est une marmite, le creux dans le moule aura justement la forme d'une marmite. C'est ainsi que l'on obtient tant d'objets en fonte d'un usage si répandu : ce sont des chenets de cheminées, des tuyaux, des candélabres, des colonnes, des vases à fleurs, des statues, des ponts même, et toutes sortes de machines employées dans l'industrie.

Lorsqu'au lieu de couler des saumons, on veut couler des objets dans des moules, on ne laisse plus arriver la fonte du creuset dans la rigole de sable, on la reçoit à la sortie dans de grandes cuillers à long manche ou dans d'immenses bassines, suivant la grandeur des pièces que l'on veut obtenir; et, au moyen de ces cuillers et de ces bassines, on transporte le métal fondu dans les divers moules. Vous pouvez voir, sur l'image, des hommes qui s'occupent à couler des pièces, dans le fond de l'atelier; voyez-vous celui qui reçoit la fonte dans une longue cuiller en fer, et d'autres qui sont en train de la vider dans des moules?

Les ouvriers qui entretiennent le fourneau de charbon, de minerai et de matières fondantes sont appelés *chargeurs;* ceux qui veillent au bas du fourneau pour faire écouler les laitiers et déboucher le petit trou par lequel sort la fonte s'appellent *fondeurs;* enfin ceux qui viennent chercher la fonte pour en remplir les moules, sont appelés *mouleurs*.

Cette fonte, qui est si fusible et prend si bien la forme et les détails des moules, ne pourrait être travaillée au marteau ou à la lime, elle se casserait et ne se laisserait pas entamer par les outils du serrurier. Il faut donc faire subir à la fonte d'autres préparations, pour la transformer en fer malléable, qui puisse se souder à lui-même, s'allonger, se courber sous le marteau sans se rompre.

Des ouvriers viennent alors chercher les petits saumons de fonte coulés dans la rigole de sable, et les transportent dans des brouettes aux fourneaux dans lesquels doit se faire le travail.

Ces fourneaux sont disposés autrement que les hauts fourneaux; ils sont couchés au lieu d'être debouts. A l'une des extrémités se trouve le foyer où l'on fait un feu violent, à l'autre se trouve une haute cheminée par où s'échappent les fumées; entre le foyer et la cheminée, se trouve une plate-forme recouverte d'une voûte, sur laquelle on place les saumons de fonte pour les transformer en fer. Au bout de quelques heures, les saumons chauffés par la flamme qui passe au-dessus d'eux pour se rendre dans la cheminée, rougissent et se fondent; les ouvriers, à l'aide de grandes barres rondes en fer, agitent le bain par une petite porte de côté, et au bout de quelque temps la fonte s'épaissit et change de nature; elle devient fer. Les ouvriers alors forment plusieurs masses de la forme d'une boule, et un autre ouvrier vient les chercher une à une avec une grande pince en fer, pour les porter sous la *presse*.

La première machine que vous voyez à gauche, dans la forge, est une presse ; elle se compose d'une plaque de fonte fixée contre le sol, et d'une autre plaque mobile, qui se rapproche et s'écarte successivement de la plaque fixe, sans descendre tout à fait contre. La boule de fer est placée sur la plaque fixe, et à son extrémité, la plaque mobile, en s'abaissant, presse fortement la boule et fait sortir le laitier qu'elle pouvait encore contenir ; les pores du fer se resserrent, et la boule diminue de plus en plus de dimensions ; à mesure que la compression avance, l'ouvrier pousse en avant la masse de fer, car, là, l'écartement des deux mâchoires est moindre et la compression sera plus forte.

Lorsque les *masselottes* de fer ont été ainsi pressées, on les porte sur l'enclume, et d'immenses marteaux frappent dessus de manière à resserrer davantage les pores du métal : l'ouvrier à qui est confié ce travail, tourne, à l'aide de ses pinces, la masse, de manière à ce que le marteau la frappe sur quatre faces ; il en forme ainsi une grosse barre carrée.

Pendant ce travail du pressage et du martelage, le fer s'est refroidi et est devenu moins mou ; on le porte alors dans des fours particuliers appelés *fours à réchauffer*.

On ne retire la grosse barre de fer du four à réchauffer que lorsqu'elle est bien rouge; on la fait passer alors entre de gros rouleaux en fonte, couchés l'un sur l'autre et qui tournent en sens contraire, l'un en avant, l'autre en arrière. Ces gros rouleaux s'appellent *laminoirs*, parce qu'ils servent à transformer en lames de gros morceaux de fer. Les laminoirs sont cannelés, c'est-à-dire que de distance en distance, sur leur longueur, sont creusés de petits sillons sur tout le pourtour; ces cannelures se correspondent sur l'un et l'autre cylindre, de manière à ce que le creux de l'un s'applique bien sur le creux de l'autre, et elles vont toujours en diminuant de profondeur, depuis la plus grande qui est la première, jusqu'à la plus petite qui est la dernière. La grosse barre de fer est poussée d'abord entre les deux rouleaux, dans la plus grande cannelure; les rouleaux l'entraînent, dans leur mouvement, jusqu'à ce que la barre soit arrivée de l'autre côté des laminoirs, avec les mêmes largeurs et épaisseurs que la cannelure ; on la repasse ainsi successivement dans les cannelures suivantes, jusqu'à ce qu'elle ait la grosseur voulue.

De cette manière, la barre en diminuant de grosseur, augmente de longueur, et il faut souvent plusieurs hommes pour la soutenir et la faire entrer dans les cannelures des laminoirs. Voyez-vous, sur l'image, ces quatre hommes placés deux à deux et qui soutiennent la grosse bande de fer sur deux supports, ce sont ces hommes appelés *lamineurs*, qui poussent le fer dans les cannelures. Vous pouvez voir un cinquième homme qui tient un balai à la main ; c'est pour enlever les crasses et écailles de fer qui s'attachent après la bande. Maintenant, voyez-vous l'ouvrier qui se tient derrière les laminoirs? C'est celui qui reçoit la bande de fer à son passage à travers les rouleaux, et qui la soulève, aidé d'autres ouvriers, par-dessus les laminoirs, pour que les quatre premiers continuent à l'introduire dans la cannelure suivante, et ainsi de suite.

C'est par le moyen des laminoirs que l'on fabrique les barres de fer de toutes les dimensions, carrées, plates et rondes, suivant que les cannelures par lesquelles elles ont passé sont carrées, plates ou rondes, depuis les plus grosses jusqu'aux plus petites; depuis celles qui servent à la construction des chemins de fer et qui s'appellent *rails*, jusqu'aux fils de fer qui servent à faire des clous et des aiguilles. C'est parmi toutes ces barres que le serrurier, le forgeron, le charron viennent choisir celles qui leur conviennent pour leurs travaux.

Je vous ai déjà parlé, mes petits amis, de tous les ouvriers qui travaillent dans la forge; ainsi, rappelez-vous bien : les chargeurs, les fondeurs, les mouleurs, les presseurs, marteleurs, lamineurs, et ceux qui chauffent les fours, les chauffeurs : vous en pouvez voir un sur l'image; c'est celui qui est debout à gauche, et qui tient une pelle à la main.

Un peu plus loin, voyez-vous ces deux gros tuyaux qui sortent de terre et se recourbent ensuite en s'amincissant, ce sont les conduits par lesquels les machines soufflantes lancent de l'air dans le haut fourneau.

Vous voyez, mes enfants, qu'il faut bien travailler pour faire du fer, et que les machines qui aident à l'écraser et à l'allonger de manière à changer une grosse barre en un fil tout petit, doivent nécessiter une bien grande force; en effet, il y a des forges où l'on emploie jusqu'à quatre cents chevaux de force et plus de mille ouvriers!

Questionnaire.

A quoi sert le fer? — Comment s'appellent les établissements dans lesquels on fabrique le fer? — Trouve-t-on le fer tout fait dans la nature? — Qu'est-ce que du minerai de fer? — Où le trouve-t-on? — Comment s'appellent les machines qui servent à laver le minerai? — Comment casse-t-on le minerai en roche? — Qu'est-ce qu'un haut fourneau? — Comment y opère-t-on la fusion du minerai? — Qu'appelle-t-on laitiers? — Comment se fait la coulée de la fonte? — Qu'est-ce qu'on fait avec de la fonte de fer? — Peut-on travailler la fonte comme on travaille le fer? — Comment transforme-t-on la fonte en fer? — Qu'est-ce qu'une presse employée dans les forges? — Comment sont faits les laminoirs? — A quoi servent-ils?

VERRERIE.

[Planche 2]

L'image que vous avez sous les yeux, mes enfants, représente une *verrerie;* vous voyez qu'on y fabrique toutes sortes d'objets en verre : des bouteilles, des gobelets, des flacons, etc. Vous serez bien surpris lorsque vous saurez qu'avec des matières opaques, l'industrie humaine arrive à produire une matière aussi translucide que le verre. Parlons d'abord de sa découverte qui est merveilleuse.

Des pêcheurs phéniciens, après avoir passé plusieurs jours en mer, se disposaient à regagner le port, satisfaits d'une récolte abondante de poissons. Mais ils étaient encore loin de la côte lorsque le ciel se couvrit de nuages épais et qu'un violent orage se déclara; le vent se mit à souffler violemment et la mer se couvrit de vagues menaçantes; heureusement que la brise venait de la pleine mer, et qu'elle poussa la barque sur la plage, où elle vint s'échouer sans accidents. La fatigue avait excité l'appétit des matelots, et ils s'occupèrent des préparatifs de leur repas. La marmite fut bien vite établie sur trois petites pierres. Il ne manquait plus que le feu : or, ils n'avaient pas de bois; mais ils trouvèrent en abondance des herbes marines que la mer avait jetées sur la grève et que le soleil avait desséchées. Le feu fut promptement allumé, et les matelots ne tardèrent pas à apaiser leu faim. Pendant ce temps-là, le vent s'était calmé et la mer était redevenue tranquille. Les pêcheurs allaient se rembarquer; mais quelle fut leur surprise, lorsqu'en enlevant la marmite, ils aperçurent dans les cendres du foyer une masse brillante et transparente, qu'ils s'empressèrent d'aller montrer à un savant de ce temps-là! Celui-ci répéta ce que les matelots avaient fait accidentellement, et le succès l'encouragea à rechercher les causes d'un fait aussi curieux : comment se faisait-il que la cendre des plantes marines mélangée avec le sable de la plage, sous l'influence d'un feu violent, s'était transformée en verre? Après bien des essais, on trouva que les cendres contiennent deux substances, l'une que l'on a appelée *potasse,* et l'autre *soude.* Dès lors, on sut qu'en échauffant un mélange de sable avec l'une ou l'autre de ces deux substances on produisait du verre.

Mais de ce premier résultat à ceux que l'on obtient aujourd'hui, il y a une bien grande distance, et il a fallu faire beaucoup d'essais avant d'arriver à fabriquer le verre incolore, à en façonner tant de beaux objets ; puis on trouva aussi les moyens de colorer le verre en rouge, en bleu, en vert, en violet, et l'on en fit d'admirables vitraux d'églises, et des imitations de pierres précieuses. Vous voyez, mes enfants, qu'en travaillant avec persévérance on arrive tôt ou tard à être récompensé de ses peines.

Les matières qui entrent dans la composition du verre sont de deux natures ; les unes sont salines et les autres terreuses.

Les matières salines sont les sels de *tartre,* le sel de potasse, de soude : ces matières à elles seules ne peuvent produire du verre ; mais, sous l'influence d'un feu violent, elles mettent en fusion les matières terreuses qu'on mélange avec elles et qui ne se fondraient pas seules.

Les matières terreuses sont les cailloux ou

silice et les sables. Ordinairement on n'emploie que les sables qui ne sont que des cailloux pulvérisés naturellement.

Voyons maintenant qu'elle est l'organisation d'une verrerie.

Une fabrique de verre se compose d'un grand hangard, ordinairement ouvert de tous côtés. C'est là-dessous que sont construits les fourneaux, dont les formes sont du reste très-variées. Ordinairement ils sont rectangulaires; une grande grille existe au bas avec un cendrier dessous; de chaque côté de la grille, et un peu plus haut, il y a deux *soles* sur lesquelles on place les creusets dans lesquels se fait la fusion : le tout est recouvert d'une longue voûte percée de quatre ouvertures pour le passage de la fumée; une grande hotte en tôle reçoit les fumées des quatre petites cheminées, et les conduit à l'extérieur du hangard. A chaque extrémité du four, il y a des portes par lesquelles on introduit les creusets; on les referme pendant l'opération. Il y a aussi de petites ouvertures qui règnent tout autour du four à une certaine hauteur, au-dessus des creusets et correspondant à chacun d'eux. C'est par ces petites fenêtres que l'on introduit les matières dans les creusets, et qu'on les retire lorsqu'elles sont en fusion.

On se sert souvent d'un second four accouplé au premier, et dans lequel on fait sécher les matières avant de les introduire dans le creuset.

Le feu est donc allumé sur la grille du bas : la flamme vient envelopper les creusets, et s'échappe ensuite par les quatre petites cheminées ; les matières propres à faire le verre sont jetées à la pelle dans les creusets, et les ouvriers verriers n'attendent plus que le moment où les matières entrent en fusion.

Les ouvriers prennent chacun un long tube en fer comme le canon d'un fusil, mais plus long, et ils plongent cet instrument, appelé *fêle*, dans un des creusets, suivant la nature des ouvrages qu'ils façonnent. Le verre fondu s'attache autour de l'extrémité de la fêle, et forme une petite masse que le verrier laisse un peu refroidir ; il replonge de nouveau sa canne dans le creuset, et une nouvelle masse de matière s'ajoute à la première. Si l'ouvrier en a assez, il allonge un peu la masse de verre en agitant sa fêle dans l'air ; puis il souffle dedans, de manière à enfler la boule et à en faire une bouteille, ou un gobelet, ou même une vitre.

S'il s'agit d'une bouteille, par exemple, l'ouvrier plonge son tube de fer dans le creuset, pour prendre une masse suffisante de verre fondu. Il donne un léger mouvement en tournant, afin d'allonger un peu la masse; il la plonge immédiatement dans un moule de fer, où il la tourne en soufflant en même temps par le tube; la masse s'enfle et remplit juste le moule. Le cul de la bouteille a la forme d'un œuf. Il retourne sa fêle de manière à ce que l'embouchure se trouve contre terre, puis, avec un instrument en fer, il appuie contre le fond de la bouteille pour le faire rentrer en dedans : la masse fondue se trouve pendant le travail à l'état pâteux, et prend toutes les formes possibles. Avec un outil tranchant, l'ouvrier coupe le goulot de la bouteille pour en détacher la canne qu'il soude alors au fond de la bouteille, afin de faire réchauffer le goulot en le présentant à l'un des *ouvreaux* du four; le goulot se ramollit de plus en plus, et, quand il est arrivé au point convenable, avec une petite baguette de fer, il retire du creuset un filament de verre dont il fait un cordon autour du goulot, de manière à lui donner la forme que vous connaissez.

Il reste encore une petite opération à faire; c'est la *recuite :* elle consiste à replacer dans un four attenant au fourneau de fusion, les objets soufflés; puis, quand ils ont été portés au rouge, de les laisser graduellement refroidir. Sans cette précaution, les objets, au moindre choc, se briseraient en mille morceaux, à cause du peu de cohésion de la matière qui a été trop vivement refroidie.

La fabrication du verre à vitres n'est pas moins curieuse que celle des bouteilles. Voici comment l'ouvrier s'y prend : il commence, comme toujours, par plonger la canne dans le creuset pour en tirer une masselotte de verre, qu'il laisse un peu refroidir; il replonge ainsi successivement sa canne, de manière à amasser à l'extrémité une masse assez grande pour la vitre qu'il se propose de fabriquer. Cela fait, il arrange la masse en la roulant sur une table de marbre, puis il souffle vigoureusement pour former un ballon; quelquefois, pour moins se fatiguer et agir avec plus d'énergie, le souffleur prend une gorgée d'eau-de-vie et la lance peu à peu dans la boule; l'eau-de-vie se vaporise promptement, et la pression intérieure que produit la vapeur enfle le globe. Si la boule n'a pas assez d'extension, l'ouvrier la fait réchauffer pour amollir le verre, et il recommence à souffler. Arrivé à ce point, il projette une goutte d'eau froide à l'endroit où la boule tient à la canne; celle-ci se détache promptement, tandis qu'un autre verrier plonge une baguette de fer dans le creuset et la soude contre la boule, vis-à-vis de l'ouverture laissée par le tube. Il remet le globe dans le four pour le ramollir, et avec un petit outil en fer il ouvre et agrandit le trou qu'a laissé la canne; lorsque ce trou est assez grand, il tourne vivement la canne dans ses mains; par ce mouvement de rotation, l'ouverture s'agrandit encore jusqu'à ce que la boule s'aplatisse complétement et ne soit plus qu'une large rondelle de verre. On réchauffe cette rondelle, et l'on recommence le mouvement de rotation pour l'agrandir encore. Il n'y a plus qu'à la cuire et à couper sur le plateau des facettes de verre qui servent à vitrer les fenêtres.

Lorsque l'on veut avoir des verres de couleur, on mélange des composés métalliques avec les matières vitrifiables.

Pour le cristal, on ajoute un composé de plomb. Voilà une chose surprenante ! Auriez-vous jamais pensé que le cristal renfermât un composé de plomb ?

Vous voyez, mes enfants, que de choses on fait avec le verre, des glaces, des instruments d'optique, des fils si fins, que l'on peut en tisser les plus délicates étoffes. Tel est le point où est parvenue la miraculeuse découverte des pauvres pêcheurs phéniciens.

Questionnaire.

A quoi sert le verre ? — Comment en a-t-on fait la découverte ? — Quelles sont les matières qui entrent dans la composition du verre ? — Comment est généralement disposée une fabrique de verre ? — Quelle est la disposition du fourneau à fondre les matières ? — Quel est l'outil principal dont se servent les verriers ? — Comment fait-on une bouteille ? — Comment fait-on les vitres ?

MINES.

[Planche 5]

—

Vous n'êtes jamais descendus dans une mine, mes enfants ; car on n'y laisse jamais entrer les petits enfants. Qu'est-ce donc qu'une mine? Cherchez bien dans votre mémoire : ne vous ai-je pas déjà prononcé ce mot-là? C'est à propos du minerai de fer. Oui, je me rappelle vous avoir dit que les matières qui contiennent les métaux, et dont on les extrait, s'appellent minerais; que ceux-ci se trouvent quelquefois à la surface même du sol ou à une très-petite profondeur, mais que souvent aussi il faut creuser des puits profonds et des galeries pour aller les chercher dans le sein de la terre. Hé bien! on appelle *mines* les lieux où se trouvent les métaux, les minéraux qui les contiennent, tels que l'or, l'argent, le mercure, le plomb, le fer, le cuivre, l'étain, le zinc, le soufre, le charbon de terre, le sel, etc.

Les fouilles, ordinairement peu profondes, que l'on exécute pour obtenir les pierres de toute nature pour les constructions, le plâtre, les ardoises, les marbres, certains amas de sel, s'appellent *carrières*. Les dépôts superficiels de minerai de fer s'appellent *minières*.

Vous savez donc déjà ce que l'on entend par mines, minières et carrières. Vous ne direz jamais une mine de plâtre, ni une carrière de plomb.

Il y a encore une matière que l'on extrait par des fouilles peu profondes : je veux parler de la tourbe. C'est une espèce d'agglomération de racines, de plantes de marais, qui forment une vase serrée, et qui, lorsqu'elle est sèche, brûle parfaitement. On appelle *tourbières* les lieux d'où l'on retire la tourbe.

Les matières minérales, que l'on extrait du sein de la terre par des travaux souterrains, y sont distribuées de diverses manières. Il en résulte que les cavités produites pour l'enlèvement de ces matières présenteront elles-mêmes des aspects différents. C'est ainsi que les minerais métalliques, autres que ceux du fer, se trouvent presque toujours en murailles presque droites, et s'enfoncent à des profondeurs considérables dont les mineurs n'ont jamais pu atteindre la limite. Ces murailles s'appellent *filons*. Les filons ont des dimensions très-variables sous le rapport de l'épaisseur ou de l'étendue. Il y en a qui n'ont que quelques décimètres d'épaisseur et quelques mètres d'étendue; d'autres, au contraire, atteignent jusqu'à 20 et 30 mètres d'épaisseur et plusieurs kilomètres d'étendue.

Je voudrais bien pouvoir entrer dans quelques détails sur la formation des filons; mais vous me comprendriez difficilement. Je vais cependant essayer de vous en donner une idée générale. Écoutez-moi bien. Au commencement du monde, et il y a bien des années, bien des siècles de cela, bien avant que Dieu ne créât le premier homme, la terre était alors un immense globe de matières en fusion; au centre, se trouvaient rassemblées les parties les plus lourdes, telles que les métaux fondus; les eaux, réduites en vapeur, formaient un nuage épais autour de ce globe de feu; peu à peu l'extérieur de cette immense boule se refroidit, les vapeurs se condensèrent en eau et se répandirent sur la croûte extérieure et solidifiée, qui d'abord, très-mince, s'épaississait peu à peu; cette croûte, en se boursoufflant, forma les principales crêtes de montagnes, et les vallées dans lesquelles se rassemblèrent les eaux; la croûte solide du globe, à mesure qu'elle se formait, se contractait, se resserrait, et pressait les matières encore fondues qui se trouvaient au centre. Que résulta-t-il de cette compression? C'est que la croûte se déchira en bien des endroits, et que les matières minérales de toutes espèces jaillirent du centre, en remplissant ces fentes et crevasses, et en formant des murailles d'une nature et d'une composition différentes de celles des matières environnantes.

La croûte de la terre ne s'est pas toujours fracturée en fentes; souvent il s'est formé des cavités immenses, et les matières métalliques qui sont venues du centre pour les remplir ont formé des amas. Voici pour les matières métalliques autres que les minerais de fer.

Les autres substances non métalliques se rencontrent dans le sein de la terre sous forme de couches ou lits généralement placés à plat ou peu inclinés. Les pierres, les plâtres, le sel gemme, la houille ou charbon de terre, certains minerais de fer, se trouvent sous cette forme.

Exploiter une mine, c'est faire les travaux nécessaires pour retirer les matières qui la composent. Ainsi, on exploite une mine de fer en retirant de cette mine du minerai de fer, que l'on fond ensuite dans les hauts fourneaux pour en extraire le fer. On exploite une carrière d'ardoise, de pierre, pour retirer les matières qui, découpées en petites feuilles, servent à couvrir les maisons, ou les matériaux qui sont employés pour bâtir les édifices et les maisons. Les carrières s'exploitent généralement à ciel ouvert, c'est-à-dire que ce sont des fouilles ouvertes à la lumière du soleil; il y en a quelques-unes cependant qui sont souterraines. Ainsi, les carrières de plâtre que l'on exploite sous la butte Montmartre, à Paris, sont souterraines; ce sont de grandes galeries qui entrent dans la couche de plâtre, et que l'on continue toujours d'ouvrir, afin d'en retirer la pierre à plâtre. Les mines sont toujours souterraines, et, pour y voir clair, on se sert de lanternes ou de lampes, comme lorsqu'on descend dans une cave.

Vous avez tous vu des puits que l'on creuse dans le sol afin que l'eau s'y rassemble, et qu'on puisse l'en retirer au moyen de seaux; vous avez dû remarquer qu'au-dessus du puits il y a un rouleau en bois que l'on fait tourner au moyen d'une manivelle; à mesure que l'on tourne, la corde, à laquelle est suspendu le seau, s'enroule et monte. C'est ainsi que l'on retire les minerais du fond des mines. Les puits sont plus grands généralement que ceux qui servent à se procurer de l'eau dans les villes et dans les campagnes; ils sont de même *muraillés* en pierre ou en briques, et le plus souvent garnis de cadres en bois derrière lesquels, depuis le haut jusqu'au bas, on chasse à coups de marteau des planches pour soutenir les roches, et afin qu'elles ne s'éboulent pas, ce qui causerait de bien grands malheurs.

Il y a différents moyens de descendre au fond des puits. Quelquefois on se place dans les grands seaux, tandis que des hommes sont en haut et retiennent la manivelle pour que l'on ne descende pas trop vite. Je suis sûr que vous auriez bien peur de descendre ainsi dans ces profondeurs immenses. Si la corde venait à casser!

si les hommes ne pouvaient plus la retenir ! Que c'est effrayant ! En effet, mes enfants, il arrive souvent que la chaîne ou corde casse, et les hommes sont précipités au fond des puits. Aussi, dans presque toutes les mines, a-t-on renoncé à ce dangereux moyen de descente. Des échelles sont appliquées tout contre le boisage ou le muraillement du puits, de haut en bas, et les ouvriers mineurs, munis de leur lampe, descendent ainsi. Il y a des endroits où l'on peut se reposer ; car, en remontant surtout, on se fatigue beaucoup, et il serait impossible de gravir d'un seul trait une hauteur de 5 à 600 mètres.

Les puits de mines sont généralement divisés en trois compartiments. L'un pour la descente des ouvriers mineurs : on y place aussi les pompes servant à épuiser l'eau qui filtre à travers le sol et se rassemble au fond des travaux ; les deux autres compartiments servent, l'un pour la descente des *bennes* vides (c'est ainsi qu'on appelle les seaux), l'autre pour la remonte des bennes pleines.

Je viens de vous parler des pompes qui servent à épuiser l'eau. Ces pompes ont quelquefois de grands volumes d'eau à élever quand les mines sont très-grandes, et il y en a dans lesquelles on se perdrait comme dans une grande ville; aussi les machines qui les mettent en mouvement sont-elles très-puissantes; elles marchent nuit et jour sans jamais s'arrêter, sans quoi l'eau monterait toujours, toujours, et finirait par noyer tous les travaux.

Vous voyez, mes enfants, que d'ennemis l'on a à combattre dans les mines : les ténèbres, les eaux, les éboulements et le mauvais air. Je vous ai déjà dit qu'avec les lampes on triomphe de l'obscurité; qu'avec les pompes on se rend maître des eaux; que les éboulements sont prévenus dans les puits au moyen de muraillements ou de cadres en charpente; dans les galeries, au moyen de piliers en bois et de cadres. Malgré tout le soin que l'on apporte dans le boisage des travaux, il arrive quelquefois des accidents. Ainsi, quand les bois vieillissent, ils se pourrissent, et ne peuvent plus résister à la poussée des terrains; ils s'écrasent alors, et des masses de rochers comblent les travaux. Si, malheureusement, quelques ouvriers mineurs se trouvent au fond de la galerie, le passage leur est bouché, ils sont perdus : car, à moins que l'éboulement ne soit peu important, il est difficile de rouvrir le passage en peu de jours, et, pendant ce temps-là, les pauvres mineurs meurent de faim.

Dans les mines bien organisées, il y a toujours plusieurs puits de sortie, et les travaux sont disposés de manière à ce qu'autant que possible on ne risque jamais de rester enfermé au fond des travaux.

Parlons maintenant du quatrième ennemi, le mauvais air. Vous concevez, mes enfants, que, lorsqu'un grand nombre d'ouvriers travaillent au fond d'une mine, sans que l'air se renouvelle, il se vicie, et devient malsain. Outre cela, certains gaz dangereux se dégagent des fissures du terrain; les uns asphyxient quand on les respire, les autres prennent feu avec explosion quand ils rencontrent de la flamme. Pour combattre le mauvais air, on établit des courants d'air dans les puits et les galeries, en soufflant, à l'aide de fortes machines, l'air extérieur, qui chasse par d'autres puits l'air vicié ou dangereux de l'intérieur. Malgré cette précaution, il arrive souvent des accidents, surtout lorsqu'on rentre dans des travaux anciens, où le gaz explosible s'est rassemblé. Dès qu'il touche la lumière, l'explosion a lieu, et tue tous ceux qui se trouvent là et à une très-grande distance.

Un savant anglais, appelé Davy, imagina une lampe particulière qui permit aux ouvriers de pénétrer dans le *grisou* ou gaz explosible, sans qu'il y eût aucun danger à redouter. C'est pour cela qu'on l'appelle lampe de sûreté de Davy. La lampe est simplement entourée d'une toile métallique qui empêche la combustion de se communiquer au gaz; il y a en outre un petit fil de platine disposé de telle manière qu'il indique lorsque le danger est grand; les ouvriers se retirent alors, et l'on s'occupe de purifier l'air avant de rentrer.

Maintenant, mes chers enfants, vous pouvez juger combien doit être savant, laborieux et courageux l'homme à qui est confiée la direction de telles exploitations; une seule négligence peut exposer la vie de centaines de travailleurs.

Les mineurs se servent de divers outils pour abattre les roches : ce sont des *pis* aciérés pour entamer la roche, de longues barres de fer pointues et appelées *leviers* pour abattre les roches fissurées; enfin, on se sert de *fleurets* :

ce sont de petites barres rondes de fer et aiguës en forme de coin, à l'une des extrémités. On creuse avec ces fleurets des trous ronds et de la même profondeur que l'outil; on y introduit de la poudre, et, après avoir bourré, on met le feu à une longue mèche pour qu'on ait le temps de s'éloigner; le coup de mine part, et abat les roches du côté où on les a préalablement dégagées.

Lorsque les minerais ou les roches sont abattus, on met de côté les matières inertes qu'on laisse dans la mine, et l'on transporte les minerais sur de petits chariots, appelés *chiens de mine*, jusqu'au puits; on accroche la benne à la chaîne qui monte, on décroche la benne vide, et ainsi de suite. Dans les grandes exploitations, ce sont des chevaux qui font le service des transports, et ils traînent sur de petits chemins de fer de vingt à trente chariots à la fois.

Je vais essayer maintenant de vous faire comprendre quelle marche générale on suit pour exploiter les mines. Supposons un filon tout à fait vertical, c'est-à-dire droit comme le fil auquel pend un poids; on creuse dans le filon même, un puits vertical aussi, comme ceux dans lesquels on puise de l'eau; ensuite, à différentes hauteurs ou étages, on ouvre dans le filon, et de chaque côté du puits, de longues galeries, de manière à retirer le plus de minerai possible; enfin, quand toutes les galeries sont ainsi disposées, on enlève les roches qui se trouvent entre les galeries superposées, en commençant par le bas. Vous voyez que, de cette manière-là, on arrive à enlever presque tout le filon; il reste à sa place une large fente dont on maintient l'écartement à l'aide de boisages.

Lorsqu'il s'agit d'exploiter une couche souterraine, on creuse un puits jusqu'à la rencontre de la couche, dans laquelle on pénètre alors de tous côtés par des galeries. Quelquefois on n'a pas besoin de creuser de puits; souvent, des tranchées naturelles permettent que la couche apparaisse à la surface des terrains; on pénètre alors de suite par des galeries que l'on a soin d'incliner légèrement vers l'entrée, afin que les eaux de la mine s'écoulent d'elles-mêmes, et ne gênent pas les mineurs. Dans ces mines-là, vous pourriez bien entrer, c'est comme si l'on marchait dans une cave.

Maintenant, mes petits amis, vous comprendrez très-bien ce que représente l'image. Le puits à droite n'est qu'à deux compartiments, parce que les mineurs descendent dans les bennes, ce qui est fort dangereux, comme je vous l'ai déjà dit. Vous distinguez bien le mineur qui continue une galerie; il est éclairé par la lampe qu'il a accrochée contre les parois de la galerie; l'homme qui est derrière lui pousse une benne chargée sur le petit chariot, pour la conduire à l'entrée du puits, où un autre mineur l'attachera à la chaîne. Vous voyez que les puits continuent plus bas, pour desservir les étages inférieurs.

Questionnaire.

Qu'appelle-t-on mines? — Qu'appelle-t-on minières? — Qu'appelle-t-on carrières? — Qu'est-ce qu'un filon? — La pierre, le plâtre, la houille, le sel, se rencontrent-ils aussi en filons? — Sous quelles formes se présentent-ils? — Comment les hommes descendent-ils dans les mines? — Pourquoi divise-t-on généralement les puits des mines en trois compartiments? — Comment empêche-t-on les éboulements? — Avec quels appareils retire-t-on l'eau des mines? — Comment est faite la lampe de sûreté de Davy? — A quoi sert-elle? — Quels sont les outils employés par les mineurs? — Comment exploite-t-on un filon vertical? — Comment exploite-t-on une couche?

MACHINES A VAPEUR.

[Planche 4]

Les machines à vapeur rendent à l'homme des services immenses. Elles sont employées dans toutes les industries pour faire mouvoir les différents outils qu'on y emploie; et je vais vous parler seulement des industries que vous connaissez : dans les forges, ce sont des machines à vapeur qui font marcher les soufflets pour lancer l'air dans les fourneaux; ce sont encore elles qui font mouvoir les presses, les gros marteaux et les laminoirs; dans les mines, elles sont d'un secours immense; elles servent à faire monter les bennes chargées et à extraire les eaux. On emploie souvent des machines de cent chevaux de force, rien que pour l'épuisement de l'eau. S'il fallait se servir de chevaux vivants pour produire le même effet, il en faudrait au moins quatre cents, parce qu'un cheval a besoin de repos et qu'il faut de temps en temps lui en donner ; leur nourriture coûte cher, et il faudrait, en outre, au moins vingt hommes pour les soigner ; tandis qu'une machine à vapeur travaille deux ou trois ans de suite nuit et jour sans jamais se reposer ; quatre hommes suffisent pour la faire marcher, et elle n'a besoin que d'eau et de combustible. Voyez quelle belle invention !

Il me sera peut-être bien difficile de vous faire comprendre la disposition d'une machine aussi compliquée ; néanmoins je vais essayer de vous en expliquer le système, et le principe sur lequel sont basées ces machines.

Commençons par apprendre ce que c'est que la vapeur et comment on la produit. Lorsque l'on chauffe l'eau au feu, elle bouillonne, et se transforme en une fumée blanche qui est de la vapeur d'eau ; si l'on continue toujours à chauffer, l'eau se vaporise continuellement et diminue dans le vase jusqu'à ce qu'elle disparaisse complétement ; toute l'eau s'est transformée en vapeur. Il est facile aussi de transformer la vapeur en eau ; il suffit de la refroidir. En effet, au-dessus d'un vase d'eau bouillante, présentez une plaque de métal froid, la vapeur d'eau se condensera sur la plaque en petites gouttelettes.

Ainsi, rappelez-vous que, pour vaporiser l'eau, il suffit de la chauffer, et pour condenser la vapeur ou la retransformer en eau, il suffit de la refroidir.

Lorsque l'on fait bouillir l'eau dans un vase ouvert, la vapeur s'échappe très-tranquillement ; si l'on clôt le vase en laissant seulement un petit trou, la vapeur formée étant obligée de s'échapper tout entière par ce petit passage, s'élancera avec une grande vitesse ; il serait d'ailleurs inutile de boucher ce passage : car, à mesure que l'on chauffe, la vapeur se forme de plus en plus abondante et tend à s'échapper ; elle trouve un obstacle qu'elle ne peut pas renverser d'abord ; mais peu à peu la pression de la vapeur augmente à un tel point que l'obstacle est renversé ou que le vase éclate. Eh bien ! mes enfants, c'est cette force immense de la vapeur comprimée que l'on utilise au moyen des machines à vapeur, pour remplacer le travail matériel des chevaux et même des hommes, dans toutes les industries, et produire des résultats merveilleux.

Vous pourrez juger, mes enfants, de la force expansive de la vapeur, quand vous saurez qu'un seau d'eau donne dix-sept cents seaux de vapeur : vous voyez que de place il faut pour loger toute cette vapeur qui veut de l'espace, et qui brise tout si l'on ne la laisse pas passer.

Une machine à vapeur se composera donc, d'abord de la chaudière pour produire la vapeur, et de la machine pour recueillir la force expansive de la vapeur, et la transmettre à d'autres machines telles que moulins, pompes à eau, laminoirs, etc.

Les chaudières à vapeur sont de grandes boîtes longues et rondes en tôle, montées sur un fourneau en briques, de manière à pouvoir être chauffées par la flamme du bois ou de la houille que l'on brûle en avant du fourneau sur une grille en fer; la fumée, après avoir chauffé la chaudière, est conduite dans une haute cheminée, et de là s'échappe dans l'air. Il y a deux ouvertures principales sur la chaudière : l'une pour l'introduction de l'eau, l'autre pour la sortie de la vapeur. On emplit d'abord la chaudière à moitié d'eau, puis on chauffe; peu à peu la température de l'eau s'élève, l'eau bouillonne et se transforme en vapeur; l'ouverture de la sortie de la vapeur est fermée par un robinet, de sorte que la vapeur ne peut pas encore s'échapper. A mesure qu'on la tient ainsi emprisonnée dans la chaudière, sa force expansive augmente, augmente toujours; enfin, lorsqu'elle est aussi forte qu'on le désire, on ouvre la sortie de vapeur, et celle-ci se précipite, en suivant des tuyaux, dans le cylindre de la machine. A mesure que la vapeur s'échappe, l'eau diminue dans la chaudière; il faut donc renouveler l'eau : aussi des pompes sont mises en mouvement par la machine même et en injectent dans la chaudière.

Regardez l'image à droite, ce sont les chaudières : vous voyez sur le devant les deux bouts; au-dessous est le foyer pour les chauffer. Vous voyez de petites bascules sur le massif du fourneau; ce sont des instruments qui servent à indiquer le niveau de l'eau dans les chaudières; quand le niveau est trop bas, on ouvre l'entrée de l'eau, et l'eau entrant dans la chaudière fait monter le niveau.

Il y a encore sur la chaudière une petite ouverture dont je ne vous ai pas parlé; cette ouverture est bouchée par une soupape chargée de poids; ceux-ci sont calculés de manière que, lorsque la pression de la vapeur devient trop grande dans la chaudière, elle soulève la soupape et les poids, et sort librement; on diminue aussitôt l'intensité du feu, pour faire diminuer la pression de la vapeur. Cette soupape s'appelle *soupape de sûreté*.

Il y a encore contre le mur, à droite de la fenêtre, un instrument qu'il faut que je vous explique. Il sert à mesurer exactement la pression de la vapeur dans la chaudière. C'est un tube en fer qui communique avec la chaudière, de manière que la vapeur puisse pénétrer dans le tube; celui-ci est recourbé en deux branches verticales, dans lesquelles on introduit du mercure, métal liquide, quatorze fois environ plus pesant que l'eau; la pression de la vapeur vient agir d'un côté dans l'une des branches, et plus la pression est forte, plus elle fait monter le mercure dans la seconde branche; des degrés sont marqués sur une petite planche en bois, et l'on y lit la pression correspondante à chaque hauteur de mercure. Cet instrument indispensable s'appelle *manomètre*.

Nous arrivons maintenant au plus difficile, la machine à vapeur. L'organe principal est ce qu'on appelle le *cylindre à vapeur* : c'est une boîte cylindrique en fonte, dans laquelle peut glisser une rondelle de même métal suspendue à une tige en fer ; cette rondelle s'appelle *piston*. Le cylindre est d'ailleurs fermé en bas et en haut par des couvercles ; seulement, dans celui du haut, on a ménagé le passage de la tige du piston. L'image représente une machine à vapeur à deux cylindres, bien plus compliquée que les machines à un seul cylindre. La tige du piston est liée à l'extrémité d'un grand *balancier* en fonte, par un assemblage à articulation. Le balancier est cette pièce la plus élevée de la machine ; elle peut tourner sur un tourillon qui la traverse juste au milieu, de telle manière que, lorsqu'une des extrémités descend, l'autre monte, et ainsi de suite comme une balance. Je vous disais donc que la tige du piston est liée au moyen d'un assemblage articulé, à l'extrémité du balancier. A l'autre extrémité, est fixée une grande pièce de fonte appelée *bielle ;* la voyez-vous bien : sa partie supérieure a la forme d'une fourche ; suivez-la maintenant en descendant, et vous verrez qu'elle est assemblée avec le bouton d'une manivelle, laquelle manivelle sert à faire tourner un arbre en fonte ou en fer qui transmet le mouvement dans les ateliers. Le balancier, la bielle et la manivelle sont les intermédiaires entre le piston et l'arbre : en effet, supposez qu'une force quelconque fasse baisser le piston dans le cylindre, et le fasse remonter et baisser, remonter et baisser, et ainsi de suite ; la tige du piston fera baisser et remonter, baisser et remonter toujours le balancier, qui aura absolument le mouvement d'une bascule ; la bielle fixée à l'autre extrémité du balancier suivra un mouvement contraire à celui de l'autre extrémité, c'est-à-dire qu'elle remontera tandis que l'autre descendra ; elle n'en aura pas moins un mouvement de va et vient ; elle fera tourner la manivelle ainsi que l'arbre en fonte, et la machine marchera. La force qui fait descendre et monter le piston, c'est la vapeur ; en effet, si on l'introduit entre le couvercle du haut et le piston, elle presse dessus et le pousse en bas ; si on l'introduit alors au-dessous du piston, elle le fait remonter, tandis que la vapeur qui a servi précédemment à le faire descendre s'en va librement par une conduite qui s'ouvre exprès.

Il suffit donc, pour mettre la machine en mouvement, de diriger la vapeur en haut et en bas, en haut et en bas, et toujours en haut et en bas du cylindre, et d'ouvrir ensuite une ouverture pour que la vapeur qui a déjà agi s'échappe librement et ne fasse pas d'obtacle. Dans les premières machines à vapeur, c'étaient des hommes ou des enfants qui étaient chargés de diriger la vapeur, maintenant c'est la machine elle-même qui donne le mouvement à des soupapes ou à des *valves* pour l'introduction et la sortie de la vapeur : on n'a qu'à l'aider un peu au commencement, et ensuite cela va tout seul; pourvu qu'il y ait toujours de l'eau dans la chaudière et du feu dessous, la machine est capable de marcher une année entière sans s'arrêter.

Quelle imagination! quelle admirable invention! Aussi ce n'est pas un seul homme qui a trouvé tout cela; il y en a plus de vingt qui ont trouvé chacun quelque chose, et toutes ces choses réunies ont produit la plus merveilleuse invention. Il faut que vous connaissiez les noms de ces hommes de génie; et en tête retenez bien celui de Salomon de Caus. Cet habile ingénieur français fut le premier, en l'année 1615, qui utilisa la force expansive de la vapeur comme force motrice. Un gentilhomme anglais, le marquis de Worcester, émit la même idée que Salomon de Caus, mais, quarante-deux ans plus tard; Denis Papin vint ensuite ajouter quelques perfectionnements. Enfin, par les travaux et les inventions du capitaine Savary; de Newcommen, forgeron anglais; d'un enfant nommé Humphry Potter; de l'ingénieur Breighton, et enfin du célèbre mécanicien anglais Watt, on arriva à construire la machine à vapeur actuelle si parfaite, qu'il est difficile de s'imaginer qu'on puisse y apporter de nouveaux perfectionnements.

Je ne sais pas, mes enfants, si j'ai bien réussi à vous donner une idée générale exacte des machines à vapeur. Dans tous les cas, vous aurez appris que l'eau chauffée produit de la vapeur, que celle-ci, par son expansion, acquiert une force considérable, et que les machines à vapeur servent à utiliser cette force pour tous les besoins de l'industrie.

Questionnaire.

Comment produit-on la vapeur d'eau? — Comment peut-on transformer de la vapeur en eau? — Lorsque l'on chauffe un vase contenant de l'eau, et que l'on ferme complétement le vase, qu'arrive-t-il? — Qu'est-ce qu'une machine à vapeur? — Qu'est-ce qu'une chaudière à vapeur? — Montrez-moi sur l'image la chaudière, les cylindres à vapeur, le balancier, la bielle, la manivelle. — Comment fonctionne la machine? — Quel est le premier inventeur de la machine à vapeur?

CHEMINS DE FER.

[Planche 5]

Voici, mes petits enfants, une bien belle image. C'est un chemin de fer, un chemin sur lequel les chevaux pourraient conduire une lourde charge bien plus facilement et beaucoup plus vite que sur une route ordinaire; mais où, comme vous le pouvez voir, une seule machine à vapeur, appelée *locomotive*, entraîne plus de vingt voitures toutes chargées de monde et de marchandises, aussi vite que le vent.

Autrefois, quand on quittait sa famille pour faire un long voyage de huit jours de route, on se disait adieu en pleurant; on pensait avec tristesse à tous ces jours de séparation qui allaient s'écouler, jours d'absence complète sans nouvelles les uns des autres qu'à de longs intervalles.... Aujourd'hui, le même voyage n'est plus qu'une promenade de quelques heures : on se quitte en se disant au revoir, à demain peut-être ; on s'embrasse en riant ; c'est qu'en effet, à présent, aller bien loin en chemin de fer, ce n'est qu'un très-court voyage. Si nos amis, nos protecteurs, nos frères s'éloignent, nous ne les perdons pas pour cela : car nous ne les laisserons pas nous oublier ; nous leur donnerons de nos nouvelles ; nous recevrons des leurs. S'ils sont malheureux, nous pourrons courir à leur aide. Les amitiés seront donc plus durables, plus étroites, les familles plus unies. Oh ! la belle chose que les chemins de fer ! que Dieu est bon d'avoir permis aux hommes de l'inventer ! Et comme c'est amusant d'apprendre et d'étudier cette bienheureuse invention, et d'en admirer l'image !

L'invention des chemins de fer est toute nouvelle, puisqu'il y a à peine quinze ans qu'il en existe en France. Autrefois, mes enfants, il n'y avait ni routes ni voitures : on voyageait, à cheval, par des sentiers dangereux. On a trouvé ensuite qu'avec une charrette, un cheval se fatiguait moins et portait une plus grande charge. Les sentiers ont alors été élargis, on en a diminué les descentes et les montées ; on les a enfin convertis en routes. Mais ces routes-là étaient bien loin de ressembler à celles d'aujourd'hui : il s'y creusait des ornières profondes ; il y avait des endroits où les chevaux avaient de la fange jusqu'au poitrail. On améliora ces routes en y formant un empierrement avec des cailloux cassés, puis avec des pavés de grès, comme sont celles d'aujourd'hui. Enfin on remarqua que les chevaux avaient beaucoup de mal à traîner leurs charges sur les routes pavées, à cause des chocs continuels. Pour éviter ces chocs et arriver à un roulement plus doux, on encaissa dans la route deux longues lignes de pierres taillées, sur lesquelles les roues des voitures roulaient : ce fut-là, mes enfants, le premier pas vers l'invention des chemins de fer.

On perfectionna encore le système de bandes de pierres : on y substitua des bandes de bois saillantes ; les roues avaient des rebords en dedans, de manière à ce qu'une fois engagées dans la route, les roues suivissent tout le temps les deux longues lignes de bois. On cloua ensuite une petite bande de fer sur les poutres en bois, afin d'en diminuer l'usure ; enfin, on y substitua des barres tout en fer, et c'est ainsi que sont construits les chemins de fer actuels.

On commence par bien égaliser la route, puis on la recouvre d'une couche de sable de rivière, dans lequel on pose de petites *poutrelles* ou traverses de bois, sur lesquelles, à l'aide de petits *manchons de fonte,* on fixe les rails.

Les voitures des chemins de fer sont toutes semblables quant aux roues, qui sont toutes de même forme et bien également écartées; puis, à l'aide de crochets et de chaînes, on peut les lier les unes à la suite des autres pour former ce que l'on appelle un *train.* Plusieurs chevaux attelés à un pareil train tirent beaucoup plus facilement que sur une route ordinaire, et vont, par conséquent, plus vite; c'est ainsi que le chemin de fer de Lyon à Saint-Étienne, qui est le plus ancien des chemins de fer français, marchait il y a quelques années. Enfin on substitua aux chevaux une machine à vapeur, appelée locomotive, qui peut atteindre la force de plus de soixante chevaux réunis, et imprime au train une très-grande vitesse.

Dans les chemins de fer très-fréquentés et d'une assez grande étendue, il y a deux voies, l'une pour les convois qui vont dans un sens, l'autre pour ceux qui viennent dans l'autre sens, afin que deux trains de voitures ne puissent jamais se rencontrer ; ce qui ne manquerait pas de causer de grands accidents.

Dans le principe, on ne construisit que de petites longueurs de chemins de fer, afin d'essayer, de perfectionner ; ces chemins-là étaient sans pentes ni d'un côté ni d'un autre ; ils étaient toujours unis comme une table, sans montées ni descentes. Mais, lorsque l'on arriva à entreprendre de longs parcours, on ne put pas se maintenir ainsi dans une position horizontale. La terre est ondulée ; il y a des montagnes, des vallées. Ces accidents de terrain ne sont pas des obstacles dans les routes ordinaires, où l'on peut facilement gravir ou descendre ; mais, pour un chemin de fer, on ne peut pas admettre de pentes aussi fortes ; en descendant, rien ne pourrait arrêter le train, qui prendrait alors des vitesses effrayantes ; et, pour monter, il y aurait impossibilité complète. Mais rien n'étonne ni n'arrête le courage des hommes, une fois qu'une grande œuvre les inspire. Les montagnes, ils les ont creusées par de grandes galeries voûtées appelées *tunnels ;* vous en voyez une d'où sort le convoi que représente votre image.

Les vallées, ils les ont comblées ou franchies par des ponts. Voyez-vous ce pont sous lequel va passer une voiture couverte de toile et attelée de quatre chevaux : c'est lui qui aide à franchir la route ordinaire, beaucoup plus basse que le niveau du chemin de fer; de sorte que cela fait deux routes l'une sur l'autre. Que cela est joli et admirable!

Il arrive pourtant que certaines circonstances obligent à monter sur des plateaux étendus qu'il serait trop coûteux de traverser souterrainement : il faut alors, bon gré mal gré, monter sur le plateau; au lieu de se servir d'une machine à vapeur roulante comme les locomotives, on se sert d'une machine à vapeur fixe que l'on établit bien solidement au haut du plateau; puis on accroche le convoi à une chaîne en fer bien forte, et l'on dit à la machine de marcher. Celle-ci tire la chaîne et fait monter le convoi; tandis que, si la locomotive avait essayé à elle seule, elle aurait glissé sur les rails sans pouvoir monter.

Il y a des chemins de fer où l'on ne se sert pas de machine locomotive, de sorte que l'on voit vingt voitures à la suite les unes des autres courir comme le vent ; il n'y a pourtant ni chevaux ni machine : des chevaux, dans tous les cas, n'iraient pas si vite ; et, s'il y avait une locomotive, on apercevrait bien sa cheminée et la fumée qui s'en échappe. C'est peut être une chaîne que tire une machine fixe, comme tout à l'heure pour gravir le plateau ? Pas davantage. Ainsi, ni chevaux, ni locomotives, ni cordes ; comment cela se fait-il ! Voilà qui est étonnant ! En examinant bien le chemin, vous apercevez entre les deux rails un long tube en fonte avec une rainure qui est bouchée en ce moment par une bande de cuir : mais ce tuyau est fixe, et comment peut-il mettre en mouvement tout ce convoi qui a filé si vite tout à l'heure ? Voyez, mes enfants, bien loin, là bas, cette haute cheminée qui fume, c'est une machine à vapeur de la force de deux cents, de quatre cents chevaux même ; eh bien ! c'est elle qui met le convoi en mouvement, et pourtant il n'y a pas de chaîne avec laquelle la machine puisse agir ? Non ; mais il y a ce long tuyau qui correspond avec la machine. Cela demande une explication.

Vous êtes-vous déjà amusés à vider un verre

plein d'eau à l'aide d'un fétu de paille que vous teniez dans la bouche? En effet, en aspirant, l'eau monte par le petit tuyau de paille; c'est qu'en aspirant, vous videz l'air qui se trouve entre l'eau et votre bouche, et, que comme l'air presse toujours sur la surface du verre tout autour de la paille, il fait monter toute l'eau par le fétu. Cette pression de l'air s'appelle *pression atmosphérique*. Prenez maintenant un tube de verre; mettez à l'extrémité une petite boulette de mie de pain, puis, avec la bouche, aspirez à l'autre extrémité; le même phénomène arrive, la boule s'élance dans votre bouche en vertu de la pression atmosphérique qui la pousse d'un côté, tandis que du côté de la bouche il n'y a plus d'air, et, par conséquent, plus de pression pour résister à celle de l'extérieur.

Si vous avez bien compris cela, mes enfants, vous comprendrez facilement le système du chemin de fer atmosphérique. En effet, la puissante machine à vapeur est une bouche immense qui aspire tout l'air du tube en fonte. Si maintenant on place une boule ou une rondelle dans le tube, la boule ou la rondelle, poussée par la pression de l'air extérieur, va s'élancer dans le tube et le parcourir jusqu'à la machine. Maintenant, à l'aide d'une tige qui traverse la rainure du long tuyau, attachez la première voiture d'un convoi : toutes les voitures, entraînées par la rondelle ou piston du tuyau, s'avanceront sur les rails qui sont de chaque côté du grand tuyau. Je vous ai dit que la rainure était recouverte par une longue bande de cuir : c'est pour qu'à mesure que la machine pompe l'air, il ne rentre pas dans le tuyau par cette rainure; la bande de cuir est, du reste, disposée de manière à ne pas gêner le passage de la tige du piston.

Vous voyez, mes enfants, quelle admirable chose, et qu'il faut des ingénieurs habiles pour construire des chemins de fer! En France, il y a MM. Perdonnet, Flachat, Julien et beaucoup d'autres encore; en Angleterre, MM. Stephenson, Locke, etc. Retenez bien ces noms-là, mes enfants; et, quand, après avoir parcouru votre carrière, vous atteindrez à la vieillesse, vous pourrez dire : « J'étais au monde quand ces hommes célèbres vivaient encore. »

Voici maintenant quelques termes employés dans les chemins de fer, ainsi que leur explication ; c'est une leçon utile à apprendre par cœur.

Rail. Bande de fer sur laquelle roulent les roues.

Voie. Ce sont les deux rails nécessaires pour soutenir les roues des deux côtés du chariot.

Aiguille. C'est un rail mobile pour faire passer une voiture d'une voie dans une autre voie.

Locomotive. Machine à vapeur roulante qui entraîne le convoi.

Tender. Voiture qui est attachée derrière la locomotive, et qui porte la provision d'eau et de charbon.

Wagons. Voitures où se placent les voyageurs.

Convoi ou *train.* Réunion de plusieurs wagons attachés les uns à la suite des autres, et marchant ensemble.

Viaduc. Pont qui sert à franchir une vallée.

Tunnel. Galerie voûtée par laquelle passe le le chemin sous une colline.

Tranchée. Entaille faite à ciel ouvert dans les terres plus élevées que le niveau du chemin, qui est établi au fond. On l'appelle aussi *déblai.*

Remblai. Terres rapportées dont on fait une chaussée pour soutenir le chemin plus élevé que les terrains qu'il traverse.

Station. Endroit où l'on s'arrête pour prendre ou laisser des voyageurs.

Gare. Endroit où se tiennent les locomotives, wagons, etc., qui ne marchent pas, de manière à ne pas encombrer la voie.

Cantonnier. Homme chargé de surveiller l'état de la voie et de faire des signaux aux conducteurs du convoi, pour leur dire qu'ils peuvent continuer sans crainte, ou qu'ils doivent s'arrêter à cause d'embarras sur la voie. Ils ont des drapeaux le jour et des lanternes la nuit pour faireleurs signaux; ils ont, en outre, une trompette pour annoncer le convoi au cantonnier suivant.

Je terminerai, mes petits amis, par vous donner quelques conseils de prudence, qu'il vous faudra suivre quand vous irez en chemin de fer. On n'est que trop porté à se familiariser avec le danger, au point de ne plus y croire.

Ne passez jamais ni le bras, ni la tête, par les fenêtres des wagons. Il y a peu de temps, un malheureux jeune homme eut le bras emporté par un poteau planté tout près du chemin.

Ne montez et ne descendez jamais d'une voiture, avant que le convoi ne soit tout à fait arrêté. Il est arrivé qu'un mécanicien, voulant monter sur une locomotive en marche, tomba, et toutes les voitures lui passèrent sur le corps.

Ne traversez jamais la voie sans qu'on vous le dise; une locomotive peut arriver et vous renverser. En résumé, ne quittez jamais les personnes qui vous accompagneront, et les chemins de fer ne présenteront pas plus de dangers pour vous que les routes ordinaires.

Questionnaire.

Quel est le but des chemins de fer? — Comment est fait un chemin de fer? — Comment fait-on lorsqu'une montagne se présente devant le chemin, une rivière, etc.? — Comment monte-t-on une forte pente en chemin de fer? — Qu'est-ce qu'un chemin de fer atmosphérique? — Expliquez les différents termes employés dans les chemins de fer.

FABRICATION DU PAPIER
A LA MÉCANIQUE.

[Planche 6]

—

Vous connaissez tous le papier, dont on fait des livres instructifs bien amusants; le papier sur lequel on fait de belles images, comme celle que je vous montre. Oh! mes enfants, c'est là une bien belle découverte, qui rend bien des services à l'humanité. Lorsque vous serez plus grands, et que vous saurez bien lire et écrire, vous apprécierez davantage l'utilité du papier. Si un jour vous vous éloignez de vos parents par des circonstances nécessaires, c'est une feuille de papier qui vous apportera des nouvelles de votre famille. Le papier permet donc de causer, de se communiquer ses pensées à travers l'espace, sans se voir. Les générations qui ne sont plus nous parlent, parce qu'elles ont tracé leur histoire sur le papier.

Les anciens ne se servaient pas d'un papier

pareil à celui que l'on emploie actuellement : ils préparaient l'écorce d'un arbre particulier, et c'est sur cette écorce mince, appelée *papyrus*, qu'ils écrivaient. Plus tard, on écrivit sur du parchemin, et enfin, en 1200, il y a de cela six cents ans, on commença à fabriquer le papier avec des chiffons. Cela vous étonne bien, n'est-ce pas, qu'avec de vieux chiffons bien déchirés, bien usés que l'on ramasse dans les rues, on fasse du papier si blanc, si fin ! Écoutez, et vous verrez comment cela se fait.

La première condition que le papier doit remplir, c'est d'être tenace et flexible, et les chiffons de lin et de chanvre sont les seuls que l'on emploie dans la fabrication pour arriver à ce but.

Je vais vous indiquer successivement les diverses opérations, en vous en expliquant le but.

Nettoyage du chiffon. Lorsque les chiffons arrivent à la fabrique, ils sont sales et remplis de poussière ; on commence par les nettoyer en les faisant entrer dans une boîte conique, dont le fond est une toile métallique ; dans cette boîte, fixée sur le sol, tourne un autre cône dont la surface extérieure est hérissée de palettes en bois ; un ventilateur lance du vent dans l'appareil ; on introduit dans la boîte le chiffon qui se trouve agité, secoué et entraîné par les palettes ; toutes les poussières se détachent, et sont emportées par le vent.

Lavage. Après ce premier nettoyage, on lave les chiffons dans une lessive chaude, en les empilant dans une grande cuve, où on lance de la vapeur d'eau au moyen d'un tube percé de trous et placé au fond de la cuve. C'est cette vapeur qui, en traversant l'eau, chauffe la lessive.

Triage. Une fois les chiffons lavés et séchés, on les porte sur une table dont le dessus, au lieu d'être en bois, est un grillage en fil de fer ; des femmes se placent de chaque côté de la table et sur toute la longueur, puis les chiffons circulent de main en main ; chaque ouvrière arrête ceux d'une même espèce. C'est ainsi que les chiffons se trouvent divisés en catégories, les vieux chiffons grossiers avec ceux de même espèce, les fins avec les fins, les colorés avec les colorés, et ainsi de suite. Chaque sorte de chiffons se trouve donc, de cette manière, classée dans des cases particulières, afin que tous soient travaillés en même temps, et fassent des papiers de différentes espèces. A travers le grillage, on jette les ordures qui auraient pu rester. Après ce premier triage, on reprend les chiffons, dont on coupe les coutures, on enlève les agrafes, les boutons, etc., et l'on découpe les grands morceaux en plus petits carrés à l'aide de grands ciseaux.

Défilage. Le but de cette opération est de diviser parfaitement le chiffon, afin de le convertir en pâte qui servira à faire le papier. C'est dans cette cuve en fonte, près de laquelle se tient un ouvrier, que se fait le travail du défilage. Il y a dans la cuve une séparation telle que le liquide peut circuler autour. Dans l'un des compartiments se trouve un cylindre en bois armé de lames d'acier, et, au fond de la cuve, justement au-dessous du cylindre, il y a aussi plusieurs lames; le cylindre peut se rapprocher plus ou moins du fond, de sorte que, quand il tourne, il donne un courant à l'eau, et tous les chiffons viennent se déchirer entre les lames du fond et du tambour. Au bout de quelque temps, le chiffon se trouve réduit en pâte très-fine. Un robinet, que vous pouvez voir, lance de l'eau dans la cuve, et il y a un *trop plein* par lequel l'eau sale s'échappe. On vide ensuite la cuve, et les pâtes sont soumises à une pression pour chasser l'eau qu'elles contiennent.

Blanchiment des pâtes. On blanchit ensuite les pâtes par un procédé chimique, au moyen d'un gaz appelé *chlore*, qui a la propriété de décolorer ces matières. Vous voyez cette longue boîte contre le mur de l'atelier; c'est là que s'opère le blanchiment des pâtes que l'on étale sur des claies en osier; un tube introduit le gaz par la partie supérieure de la boîte, et il ressort par un tuyau inférieur, après avoir traversé toutes les claies. On retire les pâtes décolorées par trois petites portes, qui sont hermétiquement fermées pendant l'opération; on mastique même les joints avec de l'argile pour que le gaz ne se perde pas. La pâte est bonne maintenant à faire du papier, il suffit de la délayer dans l'eau, et d'en verser un peu sur des toiles métalliques très-fines; on a soin de bien l'étaler, l'eau s'égoutte à travers la toile, et la pâte se sèche peu à peu, on enlève la feuille que l'on comprime, et l'on a une feuille de papier.

C'est ainsi que se fabriquait autrefois le papier à la main ; mais ce mode de fabrication est lent et coûteux, on l'a donc remplacé par le mode mécanique. Cependant certains papiers, qui ont des emplois spéciaux, sont encore fabriqués par l'ancien procédé.

Le papier, lorsqu'il sort de la presse, est étendu sur des cordes, afin de se sécher complétement. Lorsque les feuilles sont destinées à faire des livres ou à l'imprimerie, elles sont achevées ; mais, si l'on essaye d'écrire dessus, les feuilles sont perméables aux liquides, et l'encre, se répandant dans les pores du papier, fait des taches, le papier *boit;* il faut alors faire subir au papier une dernière préparation qu'on appelle *encollage*. Cette opération consiste à plonger dans un bain de colle de peau ou de gélatine, les feuilles qui se trouvent ainsi recouvertes d'un enduit imperméable, de sorte qu'on peut écrire nettement dessus sans que le papier boive.

Le procédé mécanique accomplit les mêmes opérations que le procédé ordinaire à la main, seulement il est plus expéditif et continu. Au lieu de feuilles de papier distinctes, on peut obtenir une feuille d'une certaine largeur et d'une longueur illimitée. Je vais essayer de vous faire comprendre l'organisation de la longue machine que vous voyez dans le milieu de l'atelier.

Fabrication du papier à la mécanique. En tête de la machine est une grande cuve soutenue sur des tréteaux en bois. C'est dans cette cuve que l'on délaye la pâte, après l'avoir blanchie dans la boîte. Un arbre vertical, armé de bras, agite la masse en tournant. Si l'on veut faire du papier pour l'imprimerie, on laisse le bain tel qu'il est. Si, au contraire, il s'agit de papier à écrire, on mêle de la gélatine avec l'eau, pour empêcher le papier de boire. Une vanne, que l'on ouvre à volonté, permet l'écoulement des matières. Vous voyez bien ce petit conduit en bois au bas de la cuve, c'est lui qui amène la pâte délayée dans une caisse, garnie elle-même d'un *agitateur;* de cette caisse, la pâte arrive sur une toile métallique sans fin. Vous voyez aussi cette toile enroulée sur deux rouleaux qui lui donnent le mouvement, l'eau de la pâte s'écoule à travers les mailles de la toile, qui reçoit, en même temps que le mouvement de rotation continue, un mouvement de va et vient horizontal qui produit de petites secousses favorables au tamisage de la pâte et à la liaison des petits filaments. Il se forme une espèce de feuille brute et humide de pâte qui s'avance continuellement, pour passer sous un rouleau garni d'un feutre qui donne de la consistance et de la solidité à la pâte; de là elle arrive sur un drap qui l'entraîne sous un double système de pression, pour lui faire acquérir toute la solidité convenable, et effacer les traces que la toile métallique précédente y avait imprimées. Un système de cylindres creux, traversés par un courant de vapeur, entraîne toujours la feuille continue, qui se sèche, et arrive s'enrouler sur le tambour du bout. Le papier se trouve ainsi terminé. Vous voyez bien ce tuyau noir couché sur le sol le long de la machine, c'est le tuyau qui, à l'aide de tubes en cuivre jaune, introduit la vapeur dans les cylindres sur lesquels roule le papier. Vous seriez bien étonnés, mes enfants, de voir ainsi cette bouillie liquide s'avancer continuellement, prendre peu à peu de la solidité jusqu'à ce qu'elle soit tout à fait sèche.

Il ne reste plus qu'à couper les feuilles pour en former des cahiers de vingt-cinq chacun que l'on appelle *mains*, et des paquets de vingt mains que l'on appelle *rames*.

Lorsque l'on veut obtenir du papier satiné ou glacé, il suffit de laminer les feuilles entre deux cylindres bien unis.

On fait aussi du papier avec le coton, avec de la paille et diverses autres substances; mais ce ne sont que des fabrications exceptionnelles, dont je ne vous parlerai pas.

Questionnaire.

Qu'est-ce que le papier? — A quoi sert-il? — Avec quelle matière fait-on le papier? — Comment se fait le nettoyage du chiffon? — Comment se fait le lavage? — Comment fait-on le triage, et à quoi sert-il? — Qu'est-ce que l'opération du défilage? — Montrez-moi sur l'image la machine où se fait ce travail. — Comment blanchit-on la pâte? — Ne fait-on pas sécher la pâte avant de la blanchir? — Comment fabrique-t-on le papier à la main? — Quelle est la matière que l'on mélange avec la pâte pour que le papier ne boive pas? — Comment fabrique-t-on le papier à la mécanique?

FABRIQUE D'AIGUILLES ET D'ÉPINGLES.

[Planche 7]

FABRICATION DES AIGUILLES.

Je pense qu'il n'est pas nécessaire de vous dire ce que c'est qu'une aiguille, et une petite demoiselle doit savoir s'en servir avec adresse. Mais ce que vous ne savez pas, mes enfants, c'est comment on fabrique ces petits instruments si utiles, et combien il faut apporter de soin et d'adresse dans ce travail. C'est pourtant bien simple une aiguille, un petit bout de fil de fer aigu d'un bout, rond de l'autre avec un petit trou pour passer le fil; eh bien, mes enfants, une aiguille, si simple qu'elle vous paraisse, passe dans les mains de cent vingt ouvriers avant d'être terminée ! Sur l'image vous n'en voyez que quatre, c'est parce qu'on a voulu vous représenter seulement les trois principales opérations du travail, il eût été très-difficile d'y faire figurer les autres; mais, si vous voulez bien m'écouter, je vais essayer de vous les faire toutes comprendre.

Les aiguilles sont faites avec du fil d'acier. Il faut que je m'arrête un moment pour vous dire ce que c'est que l'acier et comment on le réduit en fils si fins.

Vous savez, mes enfants, ce que c'est que le fer, vous vous rappelez comment on l'extrait de ses minerais à l'état de fonte, et comment on transforme la fonte en fer. Eh bien! l'acier c'est du fer qui a subi une petite préparation que voici : On prend des lames ou des barres de fer forgé de bonne qualité, on les range dans une caisse en terre, en les entourant de poussier de charbon de bois; après avoir recouvert la boîte de son couvercle, on la porte dans un fourneau où elle est chauffée au rouge pendant huit à dix heures; au bout de ce temps, le fer est transformé en acier. On laisse refroidir lentement le four et l'on en retire les caisses; l'acier dans cet état est assez mou et peut facilement être ployé et forgé; mais si, après l'avoir fait rougir au feu, on le trempe brusquement dans de l'eau froide, il acquiert de nouvelles qualités, il devient le plus dur de tous les métaux ; on l'emploie alors pour faire les outils de toute espèce, ceux qui servent à entailler le bois, à tailler la pierre et à travailler même le fer. La dureté de l'acier est, du reste, nécessaire aux aiguilles, dont la pointe, sans cette propriété, s'émouserait en très-peu de temps. Lorsqu'on veut travailler l'acier, il suffit de le recuire sans le tremper, et il devient docile et souple comme le fer.

Maintenant que nous avons de l'acier, il faut le transformer en fils de la grosseur des aiguilles. Voici comment on s'y prend pour atteindre ce but. Il faut recuire l'acier, abattre les angles des barres à coups de marteau, allonger les barres devenues rondes par un martelage continu sur toute la longueur. On recuit encore les barres, et on les fait passer à la *filière*. La *filière* n'est autre chose qu'une petite plaque d'acier trempé, percée de trous de différentes grandeurs et allant toujours en diminuant; lorsque l'on voudra amincir une barre d'acier préalablement réduite par le marteau à un petit diamètre, on en limera un peu le bout pour qu'il puisse entrer dans le plus grand trou de la filière ; puis, à l'aide d'une tenaille qui tient à une forte bobine, le gros fil d'acier passe en s'amincissant à travers la filière ; on continue à faire passer le fil successivement par les trous de plus en plus petits, jusqu'à ce qu'il soit parvenu à la grosseur voulue. Les bobines, sur lesquelles s'enroulent les fils d'acier, reçoivent le mouvement d'une roue hydraulique ou d'une machine à vapeur : de sorte que, dans leur mouvement, elles entraînent le fil et le forcent ainsi à passer par les trous dans lesquels on l'engage.

L'atelier dans lequel on étire le fil s'appelle *tréfilerie* : dans l'image, vous ne pouvez pas voir cet atelier ; mais vous y voyez les roues hydrauliques qui donnent le mouvement aux divers outils qu'on y emploie.

Je ne veux pas laisser passer cette occasion de vous apprendre comment, avec un filet d'eau, l'on obtient une force immense que l'on utilise dans les établissements industriels. Une roue hydraulique, ou roue à eau, se compose de deux grandes couronnes en bois formées de plusieurs morceaux assemblés les uns aux autres, de manière à ne faire qu'une pièce. Ces couronnes sont fixées par des bras ou rayons autour d'un arbre, dont les extrémités ou *tourillons* sont appuyées sur des manchons en métal, de manière à pouvoir y tourner sans beaucoup de frottement. Si, maintenant, on place entre les deux couronnes de petites tablettes ou *aubes* en bois, la roue sera complète, et il suffira de laisser échapper l'eau en la dirigeant sur les palettes, pour que celles-ci, repoussées par l'eau, entraînent la roue et la fassent tourner; l'arbre tournera aussi et communiquera son mouvement aux diverses machines et outils de l'atelier.

J'arrive maintenant à la fabrication des aiguilles. On retire de dessus les bobines les bottes de fil, et on les dévide; puis, à l'aide de forts ciseaux appelés *cisailles*, on coupe la botte en deux, comme vous feriez d'un écheveau de fil de coton. Le coupeur prend ces brins de fil et les coupe de la longueur que doivent avoir les aiguilles. Regardez, sur l'image, l'ouvrier qui est debout devant une table contre laquelle est fixée la cisaille; c'est le coupeur.

Tous ces petits bouts de fil d'acier passent dans les mains d'un autre aiguiller appelé *palmeur*. Celui-ci prend à la fois vingt à vingt-cinq brins dans la main gauche, entre le pouce et l'index, et les étale en éventail de manière que tous les bouts se présentent sur une petite enclume; de la main droite il frappe avec un marteau sur chaque bout de manière à les aplatir; ce sont ces bouts aplatis qui formeront les têtes des aiguilles.

On recuit au feu de charbon de bois toutes les aiguilles *palmées*, et on les laisse refroidir lentement. Vous vous rappelez que ce recuit a pour but d'amollir l'acier et de permettre de le travailler plus facilement. Un ouvrier perceur prend alors tous ces bouts aplatis, et applique un poinçon en acier sur une des faces aplaties de l'aiguille; puis, avec un marteau, il frappe un petit coup sur le poinçon, il retourne l'aiguille et en fait autant sur l'autre face. Un autre ouvrier reçoit toutes ces aiguilles, et est chargé de faire sauter le petit morceau d'acier resté dans l'œil : pour cela il place l'aiguille sur une masse de plomb, et avec un coup de poinçon, enfonce le morceau qui reste enfoncé dans le plomb.

Maintenant il s'agit d'évider un peu l'aiguille sur chacune de ses faces et de chaque côté du trou; regardez attentivement une aiguille, et vous apercevrez les petites rainures dont je vous parle. Voici quel en est le but : c'est d'abord d'arrondir les angles du trou de manière qu'ils ne coupent pas le fil, et ensuite pour que celui-ci se loge dans ces petites rainures et ne fasse pas saillie sur l'aiguille. Un ouvrier spécial est chargé de ce travail, et se sert pour cela d'une petite lime courbe.

Vous voyez que j'avais raison de parler de l'adresse des ouvriers aiguillers ; mais vous serez encore bien plus étonnés, quand vous saurez que ces hommes percent aussi bien un cheveu qu'une aiguille, et qu'ils font ensuite passer l'autre bout du cheveu dans le trou qu'ils ont fait !

Les aiguilles sont donc percées, les rainures sont faites et les têtes arrondies ; il faut maintenant s'occuper des pointes. On les fait sur des meules en grès qui tournent avec une grande rapidité. Les *empointeurs* se garnissent le pouce d'un morceau de cuir fort, pour ne pas se blesser les doigts ; ils saisissent cinquante à soixante aiguilles à la fois, qu'ils étalent entre le pouce et l'index en les présentant à la meule, et les faisant tourner entre les doigts. Cet émoulage se fait à sec, c'est-à-dire sans mouiller la meule, pour que les aiguilles ne se rouillent pas. Il en résulte une poussière impalpable d'acier et de grès très-dangereuse à respirer.

Autrefois, l'ouvrier aiguiseur qui avait travaillé pendant quelques années dans une fabrique d'aiguilles, périssait misérablement, atteint d'une maladie de poitrine causée par cette poussière impalpable qui s'introduisait dans les poumons pendant le travail. S'il se retirait au commencement des symptômes de maladie, il restait faible et maladif jusqu'à la fin de ses jours; la plupart mouraient de vingt à vingt-cinq ans; ceux qui atteignaient l'âge de quarante ans étaient bien rares. Mais, il y a trente-huit ans, un ouvrier mécanicien anglais, nommé Georges Prior, imagina un appareil fort simple et peu coûteux, qui dirige sur les meules le vent d'un soufflet; le vent entraîne toutes les poussières si funestes aux ouvriers. Ce digne homme vit avec bonheur disparaître le fléau qui dévorait chaque année plusieurs victimes. Rappelez-vous bien le nom de Georges Prior; il y a, dans toutes les industries, de ces hommes qui dévouent à l'humanité leur intelligence, et qui parviennent presque toujours à trouver un remède, un soulagement à ses souffrances.

Nous en étions arrivés au moment où l'aiguille est évidée, la tête arrondie et la pointe faite : vous croyez que c'est tout; non, pas encore; il reste encore quelques opérations, et d'abord le polissage. On commence par faire chauffer les aiguilles au rouge, en les plaçant sur une plaque de fer posée sur un foyer de charbon de bois : on les trempe ensuite pour leur donner de la dureté; mais, pour qu'elles ne soient pas trop roides, on leur donne un petit recuit sur un feu moins fort. Cela fait, on range les aiguilles au nombre de cinq cent mille, les unes à côté des autres et tournées dans le même sens, dans un morceau de toile recouvert d'émeri : on arrose le tout d'huile de colza en saupoudrant d'émeri; on forme un rouleau bien serré en fermant les bouts de la toile et en ficelant tout avec des ficelles. Maintenant, vous allez voir comment on va s'y prendre pour rouler ce rouleau, de manière que les aiguilles frottent les unes contre les autres et se polissent. On porte le rouleau sur la table à polir; on place dessus et en travers une longue planche chargée de poids, et deux ouvriers ou une machine font aller et venir cette charge sur le rouleau pendant un jour et même deux. Par ce frottement continu à l'émeri, les aiguilles se polissent peu à peu.

Lorsque les aiguilles sont retirées, elles sont grasses à cause de l'huile de colza dont on les avait arrosées, et couvertes de limaille; on les lessive dans une petite chaudière remplie d'eau de savon.

Sortant de la chaudière, les aiguilles sont jetées sur du son dont on les couvre bien, puis on porte son et aiguilles dans des boîtes rondes ou plates, suspendues en l'air par des courroies en cuir ou des cordes. En agitant les boîtes, l'air sèche le mélange, et l'on est arrivé à obtenir les aiguilles brillantes et bien sèches. Cette opération s'appelle *vannage*. Les boîtes s'appellent *vans* : vous en voyez trois au-dessus des roues hydrauliques.

Pendant le polissage et le vannage, bon nombre de pointes se sont cassées : des enfants sont chargés du triage; ils séparent les bonnes aiguilles des mauvaises auxquelles on refait des pointes. Quant aux bonnes, elles sont rangées dans des boîtes de manière que toutes les têtes se trouvent du même côté. Un ouvrier les prend pour affiler la pointe, la rendre plus délicate : vous savez comment cela doit se faire, toujours sur une meule; mais, cette fois, il faut une pierre d'un grain moins rude que le grès; cette pierre particulière est ordinairement du schiste micacé. L'effilage terminé, on essuie soigneusement les aiguilles dans un linge mou de laine bien sec, et plutôt gras qu'humide; c'est pour qu'elles ne se rouillent pas. On les range alors par paquets de cent, dans de petits papiers violets.

Les aiguilles sont enfin achevées : mais voyez-vous que de manipulations, que d'ouvriers employés, ayant chacun leur besogne spéciale! Les uns coupent le fil, les autres le redressent, d'autres encore le percent; celui-ci fait les rainures, un autre arrondit les têtes, celui-là fait les pointes; puis viennent ceux qui recuisent, trempent, lessivent, vannent, trient, affilent, nettoient et empaquètent. C'est ainsi, qu'en divisant le travail de manière que le même ouvrier ait toujours la même chose à faire, on arrive à un travail parfait, et à une grande rapidité, et à une grande économie, par conquent. S'il fallait qu'un ouvrier fît à lui seul une aiguille entière, il perdrait beaucoup de temps en changeant d'outil à chaque instant.

FABRICATION DES ÉPINGLES.

Quoique plus simple que la fabrication des aiguilles, celle des épingles exige encore bon nombre d'opérations : on en compte au moins quinze ; il faut des ouvriers spéciaux pour chaque. Savez-vous comment on appelle ce beau métal jaune brillant dont on fait les épingles? C'est du *laiton;* et qu'est-ce que du laiton? C'est le mélange de deux métaux, le cuivre et le zinc, fondus et alliés ensemble. Voici, en peu de mots, comment on opère l'alliage. On commence à faire fondre le cuivre rouge dans un creuset de porcelaine chauffé au rouge dans de petits fourneaux. Quand le cuivre est bien fondu, on y ajoute à peu près moitié de son poids de zinc, qui se fond rapidement. Avec une baguette en fer on mélange intimement les deux métaux ; puis on verse le creuset entre deux pierres de granit faiblement écartées l'une de l'autre par trois barres de fer plat, ou dans des *lingotières* en fonte. On obtient ainsi une feuille épaisse de laiton ; on l'amincit et on l'allonge, en la recuisant et la faisant ensuite passer sous des laminoirs. Lorsqu'elle est arrivée à une certaine épaisseur, on la découpe en petites barres carrées, au moyen de machines appelées *fenderies*. On abat les angles de ces petits fils carrés en les faisant passer à la filière, comme on fait du fil d'acier. On obtient donc par ce moyen du fil de laiton ; mais il est noir et gras : il faut le nettoyer. C'est la première opération : nous pouvons les compter toutes, et vous verrez que nous arriverons à quinze.

1°. *Décrassage du fil de laiton.* Le fil est enroulé sur des bobines, par conséquent c'est en bottes qu'on l'obtient. On le met dans une chaudière dont on fait bouillir l'eau, après y avoir ajouté un peu de lie de vin blanc ; après une heure de séjour dans la chaudière, on retire les bottes, et on les bat contre une table de bois, afin de les dépouiller des crasses et de rendre le fil bien souple.

2°. *Dressement du fil.* L'ouvrier prend l'écheveau de fil de laiton, et, pour lui faire perdre sa courbure, le place sur un dévidoir, et en fait passer le bout entre les clous d'un instrument appelé *engin*, après l'avoir saisi avec des tenailles. Les clous de l'engin sont disposés en zigzag de manière à redresser le fil que l'ouvrier tire de l'engin au bout de l'atelier; quittant ce bout, il revient à l'engin où il coupe le fil; après quoi, il recommence l'opération jusqu'à la fin de la botte de fil. Une fois cela fait, l'ouvrier *dresseur* rassemble dans la main tous les fils du côté de l'engin, et les arrange de manière que toutes les extrémités soient dans un même plan, ce qui est facile; il n'aqu'à renfoncer avec une planchette tous les bouts qui dépassent. Il lie ensuite la botte avec du fil de laiton et la découpe par longueurs de trois ou quatre épingles; on appelle ces bouts *tronçons*, comme les bouts d'acier; de cette manière l'ouvrier coupe dix ou douze fils à la fois.

3°. *Empointage*. Cette opération se fait comme pour les aiguilles, seulement les meules, au lieu d'être en grès, sont en acier dur et taillées en lime. Il y en a de deux tailles différentes : l'une, pour commencer la pointe, est d'une taille forte ; l'autre, moins grande que la première et d'une taille plus fine, sert à affiler les pointes que la première meule a dégrossies.

4°. *Découpage des tronçons par longueur d'épingle.* Tant que les tronçons conservent assez de longueur pour être saisis à la main, le coupeur en prend une poignée qu'il présente à la cisaille disposée à cet effet. Il rend à l'empointeur les tronçons qui n'ont plus de pointes; puis, quand ceux-ci n'ont plus que la longueur de deux épingles, il les range dans une petite boîte de manière que la moitié dépasse, et il les coupe toujours à la même cisaille.

5°. *Tortillage du fil pour faire les têtes.* Le fil de laiton destiné à faire les têtes est plus mince que celui des épingles. On le tortille sur une broche, comme les élastiques de bretelles.

6°. *Coupage des têtes.* L'ouvrier à qui est confié ce travail, est assis à terre les jambes croisées comme un tailleur. De la main gauche il présente à une cisaille, dont l'une des branches est fixée au plancher, une douzaine de ces tortillons de fil, et il coupe net deux tours sur chacun d'eux, ni plus ni moins; il faut une grande habitude et beaucoup d'adresse, surtout pour en couper douze mille par heure, comme ils le font.

7°. *Recuite des têtes*. On prend une grande cuiller en fer, qu'on remplit de têtes; on la fait rougir sur un brasier, et on la trempe immédiatement dans l'eau froide; la trempe, produisant sur le cuivre un effet inverse de celui qu'elle produit sur l'acier, ramollit les têtes : vous allez voir pourquoi.

8°. *Frappage des têtes*. Regardez bien cet homme assis au fond de l'atelier, et qui tourne le dos; il est en train de frapper des têtes : voyez-vous comment, avec le pied, il fait jouer sans relâche une pédale; la pédale, en s'abaissant, tire une corde qui soulève un poids en acier appelé *mouton;* dans ce mouton est gravée en creux la moitié de la tête de l'épingle; le voyez-vous, en-dessous, ce petit trou? Le mouton, en tombant, frappe sur une petite enclume où se trouve gravée, de même en creux, l'autre moitié de la tête, et de plus une petite rigole pour recevoir la hanse. Vous concevez, mes enfants, que sans la rigole, le corps de l'épingle serait écrasé par la chute du mouton sur l'enclume. Sur la table de l'*entêteur* d'épingles se trouvent deux boîtes, l'une qui contient des hanses ou bouts pointus sans têtes, l'autre qui contient les petits anneaux qui formeront les têtes. L'ouvrier prend donc une hanse, l'enfonce sans regarder dans la boîte aux têtes, en attrape une à la volée, place l'épingle sur l'enclume et fait jouer la pédale. Le mouton se relève et frappe, se relève et frappe pendant que l'ouvrier tourne et retourne l'épingle sur l'enclume, et ainsi de suite. Pour chaque tête à assujettir, il faut cinq coups. Eh bien, croiriez-vous qu'un ouvrier, malgré les cinq coups à frapper par épingle, puisse entêter jusqu'à quinze mille épingles dans sa journée?

9°. *Nettoyage ou décapage des épingles.* Les épingles, qui sortent des mains de l'ouvrier qui met les têtes, sont devenues noires et surtout les têtes; on les nettoie, en les faisant bouillir pendant une demi-heure dans de l'eau qui contient un peu de lie de vin blanc; on les lave ensuite à l'eau avec soin.

10°. *Blanchiment ou étamage des épingles.* Voici comment on donne aux épingles leur belle couleur brillante : on a des bassins d'étain à rebords très-peu élevés ; on en couvre le fond d'une couche très-mince d'épingles; puis, posant ces bassins l'un sur l'autre, on en forme une pile de quinze à dix-huit; et, plaçant cette pile sur une grille de fer où sont attachées quatre cordes, deux ouvriers les portent dans une chaudière de cuivre montée sur un petit fourneau ; on fait sortir les quatre cordons en dehors de la chaudière; on remplit la chaudière d'eau contenant un peu de crème de tartre ; on laisse bouillir le tout ensemble pendant quatre heures ; après quoi les épingles sont parfaitement blanchies. Je vous expliquerais bien, mes enfants, ce qui se passe dans cette opération ; mais vous avez bien des choses à apprendre encore avant de pouvoir comprendre certains faits.

11°. *Éteindre les épingles.* On lave ensuite à l'eau froide les épingles.

12°. *Séchage et polissage.* On jette les épingles sur du son étalé, et l'on met le tout dans un tonneau ou dans des caisses supendues, comme pour les aiguilles; pendant le mouvement, les épingles se sèchent et prennent un beau poli.

13°. *Vannage.* On sépare les épingles du son en les vannant comme on vanne le blé; le vent qui se produit enlève le son et laisse les épingles.

14°. *Piquer les papiers.* Vous avez déjà vu, mes enfants, les feuilles de papier dans lesquelles sont enfilées des rangées d'épingles; eh bien! ces papiers sont piqués avant de recevoir les épingles; et voici comment se fait ce petit travail. Le papier est disposé de manière à présenter autant de fois deux plis qu'on veut mettre de rangées d'épingles; puis, au moyen d'un peigne en acier et à manche, on perce à l'endroit du pli en frappant sur le manche avec un marteau. Tous les trous sont faits, il ne reste plus qu'à y entrer les épingles.

15°. *Boutage.* C'est l'opération qui consiste à ranger les épingles sur les papiers, en les faisant entrer dans les trous qu'a ouverts le peigne; il faut beaucoup d'habitude pour ce travail. Les ouvriers habiles enfoncent jusqu'à vingt épingles à la fois.

Questionnaire.

Qu'est-ce qu'une aiguille? — A quoi sert-elle? — En quel métal sont faites les aiguilles? — Comment fait-on l'acier? —

Comment le réduit-on en fils? — Qu'est-ce qu'une filière? — Comment appelle-t-on l'atelier dans lequel se fabriquent les fils d'acier? — Comment peut-on créer une force motrice avec un cours d'eau? — Comment coupe-t-on le fil d'acier? — Comment perce-t-on l'œil? — A quoi servent les petites rainures qui se trouvent de chaque côté de l'œil de l'aiguille? — Comment se font les pointes? — Quelle est l'heureuse invention de Georges Prior? — Comment polit-on les aiguilles? — Comment les nettoie-t-on après le polissage? — Comment les sèche-t-on?

Comment est faite une épingle? — A quoi sert-elle? — Comment s'appelle le métal dont les épingles sont faites? — Comment le prépare-t-on? — Comment transforme-t-on les feuilles de laiton en fils? — Comment se fait le blanchissage du fil? — Qu'est-ce que le dressage du fil? — Comment fait-on les pointes? — Comment prépare-t-on les têtes d'épingles? — Pourquoi les recuit-on? — Comment fixe-t-on la tête au corps de l'épingle? — Comment décape-t-on les épingles? — Comment se fait l'étamage? — Comment se fait le séchage et le polissage? — Comment s'appelle l'outil qui sert à piquer les papiers? — Qu'est-ce c'est que le boutage?

FILATURE MÉCANIQUE.

[Planche 8]

Je vais vous parler aujourd'hui, mes enfants, d'une industrie bien curieuse, bien intéressante, la filature mécanique, c'est-à-dire l'art de transformer en fils, à l'aide de métiers mécaniques, la laine, le coton, le chanvre et le lin. Le tisserand se sert ensuite de ces fils pour fabriquer des étoffes de toutes natures, depuis les plus grossières jusqu'aux plus fines. Toutes ces étoffes servent à confectionner des vêtements bien chauds pour l'hiver, bien légers pour l'été; des bas, des chemises, des pantalons, des blouses, des couvertures, des draps pour le lit, des robes pour les petites filles, des châles, des tapis, des cordes, des voiles pour les navires qui parcourent les mers. Oh! que de choses utiles et belles on fait avec la laine, le coton, le chanvre et le lin! mais que de travaux, que d'ouvriers, que de machines, avant d'arriver à ces beaux résultats! Je ne vous apprendrai pas tout cela en un jour, mes chers enfants; il faudrait des années entières, en travaillant beaucoup, pour arriver à connaître tous les détails de ces fabrications.

Je vais essayer aujourd'hui de vous donner une idée de ce que l'on fait dans les filatures; mais, avant de commencer, il faut que vous sachiez bien ce que c'est que la laine, comment on se la procure; ce que c'est que le coton, le chanvre et le lin, et où l'on trouve ces matières. Commençons par la laine.

Vous avez tous vu des moutons : car il n'est pas un de vous qui, dans la campagne, n'ait quelquefois rencontré le berger conduisant son troupeau dans les champs, afin qu'il y trouve sa nourriture. De bons chiens, bien intelligents, bien fidèles, aident le berger, et veillent à ce que les moutons ne se perdent pas et soient toujours ensemble. Et puis, le chien de berger sert encore à défendre le troupeau contre les loups, qui sans eux tueraient et mangeraient les brebis et les agneaux. Aussi, lorsque le berger passe la nuit dans les champs et qu'il dort dans sa petite maisonnette roulante, les chiens ne dorment pas : ils vont et viennent autour des claies ; au moindre bruit, au moindre danger, ils aboient pour éveiller leur maître, et pour repousser l'ennemi. C'est que le mouton est un animal bien doux, bien faible, qui n'a aucun moyen de défense ; il a donc besoin de la protection de ceux qui sont plus forts que lui. Maintenant que vous connaissez les moutons, avez-vous remarqué cette toison épaisse qui recouvre leur dos? Comment appelle-t-on cela? C'est de la laine, mes enfants. C'est donc le mouton qui produit la laine. Quand elle est assez longue, on la coupe avec des ciseaux, et on la laisse repousser pour la recouper encore, et toujours ainsi. Il y a diverses qualités de laine : certaines races de moutons, telles que les mérinos, donnent les produits les plus fins. Il y a aussi dans le Tibet une race de chèvres qui donnent une laine fine, moelleuse, dite laine de Cachemire, que l'on emploie pour fabriquer les châles les plus beaux.

Lorsque la laine vient d'être coupée, elle est sale et grasse, on doit donc la laver et la dégraisser avant de l'envoyer aux filatures. La laine non filée est employée pour faire les matelas ; seulement, après le lavage et le dégraissage, on la bat avec des baguettes, sur des claies en bois, afin de chasser les poussières ou impuretés qu'elle pourrait encore contenir; on la carde ensuite, c'est-à-dire on l'étend, on l'ouvre avec des outils appelés *cardes* : ce sont deux planchettes en bois garnies de petites pointes minces en fer; chaque ouvrière a deux outils, l'un qu'elle pose sur ses genoux, et sur lequel elle place un flocon de laine, puis, avec l'autre, de la main droite, elle frotte de manière à bien ouvrir et étendre la laine. La laine filée sert à fabriquer bien des tissus, les draperies de toute espèce, les châles, les tapis, les mousselines, les couvertures, les étoffes pour gilets, etc. Sa douceur et sa solidité, sa propriété si précieuse de recevoir à la teinture les couleurs les plus variées, font rechercher les tissus de laine pour toute espèce de vêtements.

Les trois autres matières, le coton, le chanvre et le lin, sont produites par des plantes.

Le *cotonnier* est un petit arbrisseau qui croît dans les pays chauds. C'est dans le Levant et l'Inde orientale qu'on l'a remarqué pour la première fois. On l'a ensuite cultivé en Afrique et en Amérique. Le cotonnier s'élève à 2 ou

3 mètres au-dessus du sol; sa tige, rarement plus grosse que le bras, jette une grande quantité de branches; ses feuilles, larges comme des feuilles de vigne, sont entremêlées de fleurs en forme de cloches, de couleur jaune-clair, et semées de taches rouges à la base. Lorsque la fleur tombe, on voit à sa place une gousse de la grosseur d'une noix et divisée en plusieurs compartiments, qui contiennent plusieurs petites graines brunes et environnées d'un duvet floconneux d'une grande blancheur. Ce duvet n'est autre chose que le coton. Lorsque la gousse mûrit, elle s'ouvre, et le coton, qui était d'abord resserré, s'étend. C'est à ce moment qu'on le récolte. On en sépare les graines à la main ou dans de petites machines, et l'on forme alors des ballots de coton que l'on envoie aux filatures.

Le coton filé sert à faire des tissus variés, des percales pour les chemises et les robes, de belles serviettes, des bas, des couvertures légères, des rideaux, etc.

Le *chanvre* est une herbe dont les tiges, hautes de 2 mètres environ, sont creuses en dedans, velues et rudes à l'extérieur. En vous promenant dans la campagne, on a dû vous montrer des champs de chanvre, et vous avez dû sentir en approchant une odeur forte qu'exhalent les plantes. Ce sont d'ailleurs elles qui donnent les graines noires et rondes dont les oiseaux sont si friands, et que l'on appelle chènevis. C'est l'écorce de la tige qui est utilisée dans les filatures. En effet, cette écorce se compose de filaments collés entre eux et contre le tuyau de la tige par une matière gommeuse. On parvient à l'en séparer par une opération appelée *rouissage,* qui a lieu après qu'on a séparé le chènevis. Mais n'allons pas trop vite, et reprenons du commencement. Lorsque le chanvre est parvenu à sa maturité, on l'arrache brin à brin, et l'on en fait de petites bottes qu'on lie par le milieu; on les étale le long des murs pour les faire sécher au soleil; on en sépare les graines, le chènevis, en battant, à l'aide de fléaux, les bottes placées sur une aire dure et bien unie; les feuilles sont ensuite enlevées, pour qu'il ne reste plus que la tige. On procède alors à l'opération du rouissage, qui consiste à faire pourrir le chanvre en le laissant séjourner, pendant quelques jours, dans une mare, exposé à la fois à l'humidité, à l'air et au soleil. Après cela, on le sèche d'abord au soleil, ensuite dans un four tiède, pour que la *filasse* ou écorce se détache bien de la tige. On emploie à cet effet une petite machine appelée *maque*, dans laquelle on écrase les tiges réunies en bottes; le tuyau de chaque tige se détache parfaitement en petites écailles. On bat alors le chanvre avec des palettes de bois pour achever de le nettoyer. Pour séparer ensuite les fils les plus épais, on passe la filasse sur des peignes en fer. Le rebut, appelé étoupe, sert à fabriquer la grosse toile d'emballage, la toile à voile, les cordes, etc., tandis que l'autre filasse, plus fine, plus douce et plus blanche, fait de plus beaux fils, que le tisserand transforme en toile bien blanche, dont on fait des draps de lit, des serviettes, des chemises, de la toile à voile de bonne qualité.

Il ne me reste plus qu'à vous dire ce que c'est que le lin, dont l'usage, pour faire des étoffes, remonte aux temps les plus reculés. Les anciens considéraient les étoffes de lin comme les plus pures, et, par conséquent, les plus convenables aux vêtements des prêtres.

Le *lin* est une plante qui a été connue pour la première fois dans l'Asie; elle croît et se propage facilement, par la culture, dans les champs et les jardins. On en cultive dans toutes les parties de la France, mais plus particulièrement dans le Nord, où il est plus estimé. La tige du lin est comme celle du chanvre, creuse à l'intérieur, et recouverte d'une écorce filamenteuse, que l'on sépare par les mêmes opérations que pour le chanvre.

Les fils que produit le lin servent à fabriquer les belles toiles; les plus fines, que la France produit avec tant de supériorité, sont appelées *batistes*. Les fils les plus fins servent à faire les plus riches dentelles.

Maintenant, mes enfants, vous savez ce que c'est que la laine, le coton, le chanvre et le lin; vous connaissez la provenance de chacune de ces matières, ainsi que les services importants qu'elles rendent, lorsque, après avoir été filées, la main habile des tisserands les transforme en étoffes. Vous devez être bien curieux de savoir comment on file ces matières. Plus tard, je vous dirai comment le tisserand s'y prend pour en fabriquer les étoffes.

Nous commencerons par apprendre à connaître le filage à la main, celui qui était pratiqué anciennement, et qui est encore suivi dans les pays peu civilisés et dans les campagnes. On prépare d'abord les différentes matières comme je vous l'ai dit : 1° on lave et dégraisse la laine, et on la carde après l'avoir battue sur des claies de bois ; 2° le coton doit être débarrassé des graines ; 3° le chanvre et le lin subissent le rouissage, le maquage pour séparer la filasse, et le peignage avec des peignes en fer. Que faut-il faire maintenant pour transformer les matières en fils ?

1°. Disposer les fibres dans le même sens, à côté les unes des autres ;

2°. Les réunir par une torsion suffisante, pour leur donner de la solidité.

On se sert, pour arriver à ce résultat, dans quelques contrées, de la quenouille et du fuseau. La quenouille est un bâton de bois au haut duquel on enroule un petit paquet de laine ou de coton, de chanvre ou de lin. Le fuseau est une petite bobine sur laquelle on enroule le fil à mesure qu'on le produit. Le fileur tient la quenouille entre le bras gauche et le corps ; les fileuses la tiennent en enfonçant le bâton dans la ceinture du tablier; les deux mains rapprochées l'une de l'autre, la gauche étant la plus proche de la quenouille, tirent continuellement la matière textile; la main droite étend et tord la matière, déjà préparée par la main gauche, en en formant un fil fin, qui est tordu de nouveau par le fuseau suspendu, que l'on fait tourner constamment, et sur lequel s'enroule le fil.

Le premier perfectionnement qui eut lieu consista à remplacer le fuseau par le rouet, que le pied met en mouvement au moyen d'une *pédale,* tandis que les deux mains allongent et tordent le fil, qui va s'enrouler sur la bobine que le rouet fait tourner.

Voilà, mes enfants, comment s'exécute le filage à la main, et plusieurs d'entre vous ont peut-être des frères ou des sœurs qui s'acquittent très-bien de ce travail, aussi simple que facile, mais trop lent. Dans le filage à la mécanique, le travail va beaucoup plus vite, et n'exige que peu d'ouvriers relativement à la quantité de produits. Il y a des métiers qui, à eux seuls, font le travail que vingt personnes ne feraient pas à la main, et qui n'exigent qu'un seul homme pour leur surveillance; néanmoins, la consommation est tellement grande qu'il y a des usines immenses qui ressemblent à une ville entière, et qui occupent plus de mille ouvriers.

L'image que vous avez sous les yeux représente une bien faible partie d'une filature de coton; mais il y en a assez pour vous donner une idée des machines que l'on y emploie.

Vous voyez cet arbre rond qui se trouve sous le plafond de l'atelier, c'est l'arbre moteur mis en mouvement par une machine à vapeur ou une roue hydraulique; sur cet arbre, vous voyez des poulies qui le suivent dans son mouvement de rotation; ce sont ces poulies qui, à l'aide de courroies en cuir, transmettent le mouvement à chacun des métiers.

Passons maintenant à la description rapide des opérations.

1°. *Épuration du coton.* Le coton est sale et floconneux; il est nécessaire de le nettoyer et de le démêler avant de le livrer au cardage. On y parvient au moyen d'une machine appelée *willow.* Cette machine ne se voit pas sur l'image. Elle consiste en une toile sans fin, enroulée sur deux rouleaux, qui la tendent, et lui donnent un mouvement lent vers le métier, de manière qu'en mettant le coton dessus, il est entraîné jusqu'à deux petits cylindres cannelés en fer entre lesquels il passe; puis il entre dans une capacité conique, armée de dents, et dans laquelle se meut un autre cône, armé aussi de dents, qui peuvent passer entre celles du cône fixe enveloppant. Ce tambour conique enveloppé tourne avec une très-grande vitesse; il fait six cents tours par minute. Vous concevez très-bien qu'une fois que le coton est entré dans cette machine, il se trouve divisé par les dents, qui l'ouvrent et le travaillent. Lorsque le coton a passé dans cette capacité, il tombe sur une toile sans fin, dont le mouvement entraîne le coton en dehors en le faisant passer sous un cylindre creux, dont le pourtour est une toile métallique. Un ventilateur souffle de l'air dans la machine pour enlever les poussières, qui sont conduites hors de l'atelier par quatre tuyaux, qui se rejoignent en un seul. Vous pouvez voir une femme, qui introduit le coton dans la machine, et vous voyez qu'il est reçu à sa sortie dans des paniers en osier.

2°. *Batteur éplucheur et étaleur*. La machine ainsi nommée a pour but d'achever le nettoyage commencé par le willow ; on ne la voit pas sur l'image, mais je vais vous en donner une idée. Le coton est introduit par une toile sans fin, qui se meut vers la machine. Le coton, une fois entré, est agité par des baguettes. Il y a encore un ventilateur qui souffle dans la machine pour en chasser les poussières. A sa sortie, le coton passe entre de petits laminoirs qui l'aplatissent, et en forment une espèce de lame qui s'enroule sur un tambour en bois.

3°. *Cardage*. Vous voyez bien cette machine à droite, c'est la *cardeuse*. Le tambour, sur lequel s'est enroulé le coton en lames, est placé derrière la machine, de manière à pouvoir se dérouler. Au centre, il y a un grand tambour armé de pointes en acier, et, tout autour, en haut, le tambour est entouré d'une partie de tambour concentrique, armé aussi de pointes intérieurement. Voici ce qui se passe. Les pointes du tambour enlèvent le coton en déroulant le rouleau du fond, puis, en tournant, le coton passe entre les pointes du cylindre intérieur et celles de celui qui l'enveloppe, de cette manière le coton est peigné, et les filaments prennent le même sens. A sa sortie, le coton est enlevé par le cylindre du devant, armé également de pointes ; puis il est dirigé vers un anneau long en cuivre jaune, qui rassemble tous les filaments, de manière à former un ruban étroit, qui se trouve aplati par deux petits laminoirs entre lesquels le ruban de coton passe ; puis il tombe dans un petit seau en zinc. Vous voyez l'ouvrier qui surveille la marche de la cardeuse.

4°. *Étirage*. Le ruban, à sa sortie de la cardeuse, est engagé entre deux paires de petits laminoirs cannelés ; ceux du haut tournent un peu plus vite que ceux du dessous, de manière à étirer le ruban.

5°. *Tordage*. La machine que vous apercevez dans le fond, entre l'épurateur et la cardeuse, est celle qui est chargée de tordre les rubans pour en faire des fils. Cette machine se compose d'une série de petits laminoirs, dans lesquels on engage autant de rubans qu'il y a de paires de laminoirs. Les rubans s'étirent encore, et vont s'enrouler sur une série de bobines qui, en tournant, tordent le fil, et lui donnent de la solidité. Le fil, en passant par plusieurs machines analogues, devient de plus en plus fin, et est prêt à être envoyé aux tisserands.

Vous voyez, mes enfants, que les filatures mécaniques ne font rien autre chose que ce qu'on faisait autrefois à la main. En effet, l'on nettoie, l'on carde, l'on étire, et l'on tord le fil.

La filature de la laine se fait par d'autres machines analogues. Je ne vous en parlerai donc pas.

Quant à la filature mécanique du lin et du chanvre, on fut très-longtemps avant d'arriver à de bons résultats. L'empereur Napoléon encouragea les efforts de plusieurs ingénieurs et fabricants, et, après bien des essais, Philippe de Girard finit par réussir, et jeta sur l'industrie française une gloire nouvelle.

Questionnaire.

Qu'est-ce qu'une filature mécanique? — Quelles sont les matières que l'on travaille dans les filatures? — Qu'est-ce que la laine? — Que fait-on avec les fils de laine? — Quel est l'emploi de la laine non filée? — Quelle préparation lui fait-on subir pour en faire des matelas? — A quoi sert la laine filée? — Comment appelle-t-on l'arbrisseau qui produit le coton? — Quels sont les tissus que l'on fabrique avec le coton filé? — Qu'est-ce que le chanvre? — Qu'est-ce que le rouissage? — A quoi sert-il? — Quelles sont les autres préparations nécessaires pour que le chanvre puisse être filé? — Quels sont les emplois des fils de chanvre? — Qu'est-ce que le lin? — Que fait-on avec les fils de lin? — Comment file-t-on à la main? — Quel est le premier perfectionnement apporté au filage à la main? — Comment épure-t-on le coton dans les filatures mécaniques? — A quoi sert le batteur éplucheur et étaleur? — Comment se fait le cardage? — A quoi sert-il? — Comment se fait l'étirage? — Comment se fait le tordage? — A quoi sert-il?

ATELIER DE MONNAYAGE.

[Planche 9]

—

L'image que vous regardez représente un atelier de monnayage. Que fait-on dans un pareil atelier? — De la monnaie. — Qu'est-ce que la monnaie? — Je vais vous l'expliquer. Vous connaissez déjà plusieurs pièces de monnaie; comment s'appelle celle que je vous montre?— C'est un franc, n'est-ce pas? — Et celle-ci? — Cinq francs. — Et celle-là? — Un demi-franc. — Toutes ces pièces sont en argent. Il y en a en or et en cuivre. L'or vaut dix-sept fois plus que l'argent, et l'argent environ cent dix fois plus que le cuivre. — Et à quoi sert la monnaie?— A acheter toutes sortes de choses : des gâteaux pour les petits enfants, des vêtements, du linge, du bois pour se chauffer l'hiver, etc. Les monnaies sont donc bien utiles, puisqu'elles servent à acheter ce dont on a besoin, et à vendre ce que l'on produit.

Par exemple, un cordonnier fait des bottes, des souliers; mais il ne peut pas payer son boulanger, son épicier, son chapelier avec des chaussures, parce que ceux-ci seraient bientôt encombrés. Heureusement, tout le monde a besoin de chaussures, et les paye au cordonnier avec des pièces de monnaie, avec lesquelles le cordonnier pourra payer son boulanger, son chapelier et son épicier. Vous comprenez bien maintenant de quel usage est la monnaie.

La monnaie doit remplir certaines conditions que je vais vous faire connaître. 1° Il faut qu'elle ait une valeur réelle; aussi la fait-on en métaux rares, tels que l'or et l'argent, et en cuivre pour les petites subdivisions; 2° comme elle est destinée à passer de mains en mains, il faut qu'elle dure longtemps; 3° il faut qu'elle soit facilement transportable; 4° il faut que chacun puisse bien savoir ce qu'il donne et ce qu'il reçoit en monnaie : c'est pour cela que chaque pièce porte sa valeur écrite. Toutes les pièces de la même valeur sont semblables et pèsent le même poids. Vous voyez qu'il faut une grande précision dans la fabrication des monnaies.

Tout le monde ne peut pas faire de monnaie, parce que chacun la ferait à sa manière, et qu'il en résulterait une grande confusion. C'est le gouvernement qui se charge de cette fabrication, et qui veille à ce que les alliages soient toujours les mêmes.

Je vais vous expliquer, mes enfants, comment on fait la monnaie, et entrer dans quelques détails sur la fabrication des monnaies d'argent : toutes les autres se font de même, en modifiant seulement quelques parties des machines.

De la fonte. On prend des lingots d'argent bien pur que l'on fait fondre dans des creusets placés dans un fourneau disposé pour cela ; puis on ajoute une petite quantité de cuivre pur (un dixième) pour donner plus de dureté à la monnaie. Lorsque la fusion est à point, on verse l'alliage dans de petits moules en fonte que l'on a chauffés préalablement. Vous pouvez voir sur l'image le fourneau en briques, les ouvertures pour introduire et retirer les creusets, les moules disposés devant le fourneau, et le fondeur qui est en train de les remplir un à un.

Les moules sont différents, suivant les pièces que l'on veut fabriquer. Supposons qu'il s'agisse d'une pièce de cinq francs, les moules sont tels alors que l'on obtiendra une bande plate un peu plus large que le diamètre des pièces, et d'une épaisseur triple environ.

Il faut donc aplatir et égaliser l'épaisseur de ces bandes, afin que les pièces de cinq francs aient bien la même épaisseur, et celle suffisante pour qu'elles ne pèsent ni plus ni moins que le poids fixé. On se sert pour cela de petits laminoirs en fonte.

Laminage. Vous vous rappelez, mes enfants, ce que je vous ai dit des laminoirs, à propos des forges. Ici, ce sont des machines analogues, seulement plus petites et beaucoup plus délicates, à cause de la précision que l'on veut obtenir. Une machine à vapeur, que vous ne pouvez pas voir ici, donne le mouvement à toutes les machines de l'atelier. L'arbre moteur passe au-dessous du sol; et, au moyen d'engrenages, ou de poulies et de courroies en cuir, il transmet le mouvement à chacun des outils.

Vous pouvez voir à droite le laminoir. Regardez bien faire les deux lamineurs : l'un engage la bande d'argent entre les deux cylindres, qui, en tournant, l'entraînent entre eux et l'allongent en l'amincissant; l'ouvrier qui est derrière reçoit chaque bande et la passe au premier. Celui-ci diminue un peu l'écartement du laminoir et engage de nouveau la lame, et ainsi de suite, jusqu'à ce qu'elle ait exactement l'épaisseur nécessaire.

Découpage des flans. Maintenant que les bandes sont bien égalisées et de l'épaisseur convenable, il s'agit de les découper en rondelles du diamètre d'une pièce de cinq francs. Ces rondelles s'appellent *flans.* C'est un ouvrier découpeur qui est chargé de ce travail. Le voyez-vous assis à gauche dans l'atelier, avec un tablier de cuir. L'outil dont il se sert est un outil rond et coupant, en acier : c'est une espèce de ciseau circulaire qui est fixé à une vis verticale; en haut de la vis, il y a une traverse en fer portant une boule de fer à chaque extrémité. L'ouvrier découpeur présente la bande d'argent sous le ciseau, et, de la main droite, il fait tourner la traverse du haut, ou *balancier;* celui-ci fait aussi tourner la vis, qui descend et pousse le couteau circulaire avec une grande force. Le couteau vient frapper sur la lame qu'il traverse de part en part, en détachant une rondelle ou flan. Le découpeur pousse le balancier en sens contraire, pour remonter le couteau ; il avance de nouveau la bande d'argent, et fait retomber le couteau qui détache une nouvelle rondelle, et ainsi de suite. A mesure que les rondelles sont découpées, elles tombent dans un petit baquet placé sous la table, et devant l'ouvrier. Voilà donc déjà des rondelles d'argent qu'il faut achever.

Décapage des flans. Les rondelles sont salies et noires, parce qu'il a fallu les recuire avant de les passer au laminoir. Le *décapage* a pour but de les nettoyer. Voici comment on opère : dans un baquet doublé de plomb, on verse un mélange d'eau et d'acide sulfurique (vitriol) ; on obtient ainsi un liquide qui a la propriété d'attaquer l'argent de manière à en ronger la surface. On introduit la rondelle ou flan dans ce baquet, et on la retire au bout d'un certain temps; l'eau acidulée a rongé la surface et enlevé ainsi les saletés. Les flans sont donc bien nettoyés ; il ne reste plus qu'à les blanchir : il suffit pour cela de les plonger pendant quelque temps dans une chaudière d'eau bouillante, contenant un peu de crème de tartre. Je vous ai déjà parlé d'une opération semblable pour le blanchiment des épingles ; vous en souvenez-vous?

Machinage des flans, et monnayage. Il reste maintenant à faire paraître en relief, c'est-à-dire en saillie, sur les pièces, différentes choses : d'abord le portrait du roi, avec son nom. Sur les pièces de cinq francs actuelles, vous voyez écrit : Louis-Philippe I, roi des Français; et au milieu le profil du roi. Sur l'autre face il y a écrit : 5 francs, 1847, au milieu de deux branches de laurier. Enfin, sur le pourtour de la pièce, vous lisez : Dieu protége la France. Il s'agit donc de faire tout cela d'un seul coup. On se sert de deux poinçons en acier bien dur : l'un, celui de dessous, est fixe ; l'autre, celui de dessus, est mobile et peut s'abaisser comme un marteau. Le premier est gravé en creux pour reproduire en relief le dessous de la pièce ; le second est gravé aussi en creux pour reproduire en relief le dessus de la pièce. Maintenant, il suffit de placer une rondelle sur le poinçon fixe; celui qui est mobile vient s'appliquer comme un coup de marteau sur la pièce, qui, serrée entre les deux poinçons, se trouve, pour ainsi, dire pétrie, et présente en saillie le creux des gravures du poinçon. Il ne reste plus que le tour à terminer ; cela se fait aussi à la machine, en faisant rouler chaque pièce entre deux coins circulaires qui, en la serrant, l'impriment.

Vous pouvez voir, au milieu de l'atelier, la machine à monnayer : un petit crochet mis en mouvement par la machine, vient attraper chaque flan pour le mettre en place sur le poinçon ; dès qu'il y est, le poinçon du dessus vient le comprimer. La pièce est alors enlevée par un autre crochet, et sort achevée par un petit tube en cuivre jaune qui la conduit dans un panier.

Vous concevez maintenant que, si l'on voulait frapper des pièces de un franc, on coulerait des bandes plus petites que l'on étirerait également au laminoir : on les découperait en petites rondelles et on les frapperait de même que les pièces de cinq francs; seulement, les poinçons seraient changés, et l'on mettrait ceux qui sont faits exprès pour les pièces de un franc. Les monnaies d'or, de cuivre, les médailles, se frappent absolument de la même manière.

Questionnaire.

A quoi servent les monnaies? — En quels métaux sont faites les pièces de monnaie?— Comment fond-on les lingots? — Pourquoi ajoute-on un dixième de cuivre? — Comment coule-t-on le métal fondu? — Comment se fait le laminage, quel est son but? — Comment est faite la machine à découper les flans? — Pourquoi et comment les découpe-t-on? — Comment les blanchit-on après le décapage? — Comment se fait le monnayage?

FABRICATION DU SAVON.

[Planche 10]

—

Quand un enfant a bien travaillé, qu'il a été bien sage, tout le monde le trouve très-gentil, et on lui fait beaucoup de caresses, surtout s'il est bien propre, si sa figure et ses petites mains sont soigneusement lavées, et s'il n'a ni sali ni déchiré ses vêtements ou son linge. On ne peut pas toujours être propre : l'encre, la poussière, salissent les mains et la figure des enfants comme celles des grandes personnes ; les vêtements, longtemps portés, même avec soin, deviennent sales. Il faut donc nettoyer tout cela, et voilà pourquoi le savon est une chose si utile, et qu'on en emploie tant, puisque, fussiez-vous noir comme un charbonnier, en vous savonnant bien, vous devenez propre et blanc comme un cygne.

Il y a bien longtemps qu'on sait faire du savon : il y a plus de deux mille ans, et c'est dans notre pays, c'est en France, qu'on l'a inventé. Dans ce temps-là, toute la France était couverte de forêts épaisses, et elle était habitée par un peuple qu'on appelait les Gaulois; quand ils avaient fait du feu pour se chauffer pendant les jours froids de l'hiver, ils ramassaient la cendre de leurs foyers, y mêlaient de la chaux vive, qu'ils avaient préparée en faisant rougir au feu des pierres à chaux, puis ils lavaient cela avec de l'eau bouillante qu'ils recueillaient soigneusement : vous savez que c'est encore comme cela que les blanchisseuses coulent la lessive pour nettoyer le linge; ils faisaient alors bouillir cette lessive avec la graisse des animaux qui avaient servi à leur nourriture, et cette graisse se transformait en savon.

C'est encore à peu près comme cela qu'on fabrique le savon; mais avant de vous raconter comment on s'y prend, il faut que je vous dise ce que c'est que la lessive, la chaux et la graisse qui entrent dans sa composition.

Avez-vous quelquefois goûté de la cendre? Vous auriez remarqué que cette cendre est salée et âcre. Ce qui lui donne ce mauvais goût, c'est une matière qu'on appelle *potasse*, et qui fond dans l'eau : car il faut bien que vous sachiez qu'il n'y a que les matières qui fondent dans l'eau qui aient du goût, comme le sucre ou le sel; les cailloux, la brique, le bois, qui ne fondent pas dans l'eau, n'ont pas de goût. La cendre contient donc un peu de potasse : pour la séparer, on fait tremper cette cendre dans l'eau, dans un grand cuvier percé de trous bouchés avec des chevilles de bois, et dont le fond est recouvert de paille pour que la cendre ne tombe pas avec l'eau. Au bout de quelque temps on débouche les trous, on laisse couler l'eau et l'on en met d'autre, jusqu'à ce que la cendre n'ait plus de goût et que toute la potasse soit fondue; on réunit toutes ces eaux de lavage et on les fait bouillir pour chasser toute l'eau : la potasse reste dans le fond de la chaudière; on la fait bien sécher et on la vend au fabricant de savon.

On fait aussi du savon avec une autre matière qu'on appelle *soude*, et qui se prépare avec le sel de cuisine, qui est un composé de soude. Je ne peux pas vous raconter comment se fait la soude, car c'est très-difficile, et vous ne me comprendriez pas.

On appelle la soude et la potasse des *alcalis*.

Je vous ai déjà dit que nos ancêtres, les Gaulois, pour faire de la chaux vive, faisaient rougir au feu la pierre à chaux : c'est encore comme cela qu'on la fabrique. La pierre à chaux avec laquelle on bâtit les murs, est un composé de chaux et d'un autre corps nommé *acide carbonique ;* quand on cuit la pierre, l'acide carbonique se répand dans l'air, et il ne reste plus que de la chaux.

On emploie plusieurs espèces de graisses pour faire du savon : d'abord la graisse des animaux, qui est la même que le suif avec quoi l'on fait aussi des chandelles; et puis, l'huile qui est renfermée dans beaucoup de graines et de fruits. Si vous avez pressé bien fort entre deux morceaux de papier une amande sèche ou une noix, vous avez vu que le papier se tachait, parce qu'il sort de l'huile de cette amande. C'est aussi en pressant très-fort diverses espèces d'amandes qu'on obtient l'huile de toutes sortes; cette huile coule et est recueillie dans des tonneaux. On fait l'huile à manger avec des olives, des noix, la graine de pavot; on fait d'autres huiles avec le colza, la graine de lin, le chènevis, la navette, etc. : ces huiles servent à brûler dans les lampes, à peindre les murailles et les boiseries, et à beaucoup d'autres emplois.

Toutes les huiles et toutes les graisses peuvent servir à la fabrication du savon ; mais ordinairement on emploie l'huile d'olive, mélangée d'un peu d'huile de graines, pour faire le savon de ménage, et le suif pour faire le savon de toilette.

Le savon est un composé de graisse ou d'huile, d'eau et de potasse ou de soude.

Avec la soude on fait des savons durs, avec la potasse des savons mous.

La potasse et la soude telles qu'on les vend au *savonnier* ne sont pas propres à la *saponification;* il faut les *caustifier,* c'est-à-dire leur enlever la matière qui les empêche d'être caustiques (on dit qu'un corps est *caustique* quand il a un goût brûlant, et qu'il pique les mains en usant la peau lorsqu'on le touche) : cette matière est de l'acide carbonique. Pour caustifier la soude ou la potasse, on la fait fondre dans l'eau, on y mêle le cinquième de son poids de chaux préparée comme je vous l'ai dit ; cette chaux prend l'acide carbonique et en débarrasse la soude ou la potasse : alors, on filtre le mélange pour que la dissolution soit bien claire ; on lave plusieurs fois avec de l'eau fraîche la chaux pour qu'elle ne contienne plus d'alcali, et l'on obtient ainsi des lessives de différentes forces ; la plus forte est la première, celle qui contient le plus d'alcali, et la dernière est la plus faible.

Regardez maintenant l'image que voici : vous voyez cette grande chaudière de cuivre remplie d'eau que l'ouvrier en casquette noire et en chemise violette remue avec une pelle ; cet ouvrier a mis dans la cuve de la lessive faible, puis il y a versé de l'huile qui était dans ce gros tonneau que vous voyez près de lui ; il a bien mélangé l'huile avec la lessive au moyen de ces grands râteaux qui sont derrière lui dans une autre cuve et qu'on appelle des *râbles ;* il a rempli peu à peu sa chaudière, sous laquelle il y a du feu, en y ajoutant successivement de la lessive et de l'huile, et en mêlant bien ; c'est ce qu'on appelle l'*empâtage,* parce qu'on fait ainsi une espèce de pâte. Quand le mélange sera bien empâté, il remettra de la lessive forte dans sa chaudière, et le savon à moitié fait viendra surnager ; alors, il pourra pousser le feu très-fort, et faire bouillir sa chaudière en y ajoutant de temps en temps de la lessive. Quand le savon sera bien détaché, il ouvrira un robinet, et laissera couler l'eau qui est au fond de la chaudière et qui doit servir à d'autres usages, c'est ce qu'on appelle *épiner*. Enfin, il remettra de la lessive faible dans la chaudière pour délayer et laver le savon, en laissant chauffer tout doucement et sans remuer ; le savon bien blanc et bien propre montera à la surface, et l'eau impure restera au fond.

C'est à ce point qu'en est parvenu le second ouvrier que vous voyez derrière celui qui, avec une espèce de poche munie d'un long manche, prend le savon chaud et liquide dans la cuve et le verse dans un grand seau de cuivre. Alors l'ouvrier en bonnet vert et celui qui a une blouse bleue viennent chercher le seau plein pour le verser dans ce grand bac rectangulaire qu'on appelle une *mise*, où le savon va refroidir.

Vous voyez que cette mise est formée de longues planches entre lesquelles il y a des fentes ; regardez bien en bas, à droite de la mise : vous verrez deux fils de fer qui passent dans la dernière fente et sont terminés par un petit manche en bois; il y a de ces fils de fer dans toutes les fentes, et, lorsque le savon est froid, on fait glisser chaque fil de fer le long de sa fente et il coupe l'énorme bloc de savon contenu dans la mise en longues tablettes plates, semblables à celle que vous voyez sur la table à côté de la mise.

On défait alors les tringles de fer qui assemblent les divers morceaux de bois qui forment la mise; on enlève ces morceaux de bois, et il reste au milieu de l'atelier une pile de grandes tablettes de savon.

Les ouvriers prennent chaque tablette à son tour et la portent sur la table. Vous voyez que sur cette table il y a une espèce de scie : elle diffère des scies ordinaires en ce sens que la lame, au lieu d'être horizontale et dentelée comme les lames des scies à bois, est unie et verticale; en tirant à lui, l'ouvrier coupe la tablette en tranches, qui forment autant de gros pains de savon. Vous voyez ces gros pains qui sont finis et posés en pile dans un coin de l'atelier.

Quant à l'ouvrier qui a un tablier vert, il pompe de l'eau, en tournant cette roue, afin de remplir les chaudières et les cuves.

On fait des savons de toutes couleurs : il y en a de blancs, de marbrés, de jaunes, etc. ; on les teint avec la couleur qu'on veut, dans la chaudière même où on les prépare.

Le savon mou se fait tout à fait comme le savon dur, seulement on emploie de la potasse au lieu de soude.

Le savon de toilette se fait aussi de la même manière, mais on passe moins de temps à sa fabrication, car la graisse des animaux se saponifie plus facilement et plus vite que l'huile.

Vous avez vu du savon de toilette ; vous savez qu'on en fait de petits pains de toutes formes, ronds, carrés, ovales, unis ou avec des dessins ; on leur donne cette forme avec des découpoirs à balancier, et cela va très-vite.

On parfume les savons de toilette en y mélangeant des essences ou des matières qui ont une bonne odeur.

Questionnaire.

A quoi sert le savon? — Qui a inventé le savon? — Comment les Gaulois préparaient-ils le savon? — Qu'est-ce que la lessive? — Comment fait-on la potasse? — Avec quoi prépare-t-on la soude? — Quel autre nom donne-t-on à la potasse et à la soude? — Avec quoi fait-on la chaux? — De quelle manière la fabrique-t-on? — Combien y a-t-il de sortes de graisses? — Comment fabrique-t-on l'huile, et avec quoi? — Quelles sont les graisses qui servent à la fabrication du savon? — De quoi se compose le savon dur? — le savon mou? — Qu'appelle-t-on un corps caustique? — Comment caustifie-t-on les alcalis? — Comment se fait l'empâtage du savon? — Qu'est-ce qu'un râble? — Comment cuit-on le savon? — Qu'est-ce qu'on appelle *épiner?* — Qu'appelle-t-on une mise? — Comment divise-t-on le bloc de savon dans la mise? — Comment divise-t-on le savon en pains sur la table? — Y a-t-il des savons de plusieurs couleurs? — Le savon de toilette est-il plus long à fabriquer que le savon de ménage? — Comment fabrique-t-on le savon de toilette?

BIBLIOTHÈQUE NATIONALE R.F. IMPRIMÉS

FIN.

TABLE DES MATIÈRES
DES NOTIONS INDUSTRIELLES.

ERRATA.

Page 8, ligne 17, que la fonte a produit; *lisez* : que la fonte a produite.
Page 35, ligne 22, ce sont des *pis*; lisez : ce sont des *pics*.

A MADAME DE LA ROCHEFOUCAULD,
DUCHESSE D'ESTISSAC.

Madame,

En acceptant la dédicace de ce petit livre, vous avez deux fois fait acte de charité : d'abord envers l'auteur, dont vous avez bien voulu honorer l'humble travail; et puis, envers les pauvres petits enfants auxquels il est destiné. Un grand nombre d'entre eux avaient appris déjà, madame, à connaître et à bénir le nom illustre que vous portez; tous, maintenant, se joindront à moi, reconnaissants du bienveillant patronage que vous leur accordez ainsi, pour saluer en vous le disciple admirable de celui qui disait : « Laissez venir à moi les petits enfants. » Mais, quelque gratitude qu'ils aient pour vous, nul d'entre eux, Madame, ne sera mieux pénétré que moi des sentiments de haute vénération et de profonde reconnaissance avec lesquels j'ai l'honneur d'être,

Madame la Duchesse,

Votre très-humble et très-obéissant serviteur,

A. BOUCARD.

www.ingramcontent.com/pod-product-compliance
Ingram Content Group UK Ltd.
Pitfield, Milton Keynes, MK11 3LW, UK
UKHW020234220726
13923UKWH00002B/644